AF356075

Back sc.

LE PRINCE
ET LES
COURTISANS,
MODERNES

dépeints

Par Mr. de MOSER,

NOUVELLE EDITION

CONSIDERABLEMENT AUGMENTEE.

TOME TROISIEME.

A LONDRES,

Aux DEPENS de la COMPAGNIE.

M DCC LXIX.

DES AFFAIRES
ET DE LA
MANIERE DE LES
TRAITER.

Nunquam ita quisquam bene ſubducta ratione ad vitam fuit,
Quin res, ætas, uſus, ſemper aliquid ap-
portet novi,
Aliquid moneat, ut illa, quæ te ſcire cre-
das, neſcias,
Et quæ tibi putaris prima, in experiundo
ut repudies.

Terent. Adelph. Act. V. Sc. IV.

Jamais perſonne n'a ſi bien règlé &
ſupputé tout ce qui regarde la conduite de ſa
vie, que les affaires, l'age, l'experience,
ne lui aïent encore appris quelque choſe de
nouveau, & ne lui aïent faire conoître qu'il
ne ſavoit rien de ce qu'il croïoit le mieux
ſavoir, de la manière que dans la pratique
on ſe voit ſouvent obligé de rejetter le parti, qu'on regarde d'abord comme le plus
avantageux.

Trad. de Madam. Dacier, Acte V. Sc. II.

DES AFFAIRES

ET DE LA

MANIERE DE LES TRAITER.

Il eſt impoſſible de donner des *Règles univerſellement applicables* & ſatisfaiſantes à tous égards pour la *Science du Gouvernement* (a). La manière de traiter les affaires eſt ſujètte à

(a) L'Inſtitution d'un Prince *de Monſr.* l'Abbe DUGUET, *cet excellent Ouvrage ſi ſouvent cité dans les deux Tomes précèdens, ſemble contredire ce que Monſr. de* MOSER *avance ici.*

A 3   *Car*

à la même difficulté. Tout dépend de
la Conftitution intérieure & extérieure
des

Car Mr. DUGUET *donne des Règles
qui paroiffent univerfellement aplicables, & fatisfaifantes à tous égards
pour la Science du Gouvernement. Telles font par exemple celles-ci:*

1) Le Prince doit conoître l'Origine de
fon Autorité.

2) Le Prince doit fe confidèrer comme
apartenant à la Republique.

3) Le Prince doit juger fainement de
fa Grandeur.

4) Il doit regarder l'Art de bien conoître les hommes comme une
des plus effentielles qualitez d'un
Prince.

5) Le prémier fruit qu'il doit tirer de
cette conoiffance, eft d'être en garde contre les Flateurs.

6) Il doit aimer fincèrement la verité.

7) Le Prince doit s'attacher des Perfonnes qui n'aiment que la vérité.

8) Il ne doit pas croire légèrement les
raports.

9) Le Prince doit prendre Confeil.

10)

des Cours, qui à cet égard diffèrent trés-
confidérablement entre elles.

Vou-

10) Il doit favoir difcerner le meilleur.

11) Il doit être bienfaifant & libèral.

12) Il doit être fincère & fidèle dans
fes paroles.

13) Il doit être prudent & fecrèt, mais
ennemi de la diffimulation.

14) Il doit être acceffible, affable, humain avec dignité.

15) Le Prince doit être égal & tranquille, & le paroître toûjours.

16) Il doit être inftruit de fes devoirs.

17) Le prémier eft d'aimer fon Peuple.

18) Il doit prendre une exaĉte Conois-
fance de fes Etats.

19) Un des plus importans devoirs du
Prince eft de rendre la Juftice.

20) La venalité des Charges eft un désordre contraire à la Juftice.

21) Le Prince doit maintenir les Loix,
& gouverner felon elles.

22) Il ne doit pas confondre la fouve-
raine Autorité avec le Pouvoir arbi-
traire.

23) Un Prince fage n'a point de Favori.

24) Il ne doit rien accorder aux follicitations.

Vouloir prescrire des Métodes à
une Cour, qui en génèral n'a point de
Si-

25) Il doit punir le Vice & recompenfer la Vertu.

26) Un Prince habile & prudent ne
doit point avoir de Premier-Miniftre.

27) Le Prince doit employer tous les
moyens legitimes poffibles pour
remplir fes Etats de Biens & de Richeffes.

28) Le Prince doit infpirer à fes fujèts
toutes les vertus, qui peuveut contribuer au bien de l'Etat.

29) Un des principaux moyens pour
cela eft l'exemple du Prince. &c. &c.

*Toutes ces Règles font autant de
Textes que Monfr.* DUGUET *traite
amplement & folidement dans le Livre
cy - deffus allègué, & je fuis perfuadé
que Monfr. de* MOSER *aquiefce à
toutes. Ainfi ces deux grands hommes
ne fe contredifent point dans le fonds.
Le prémier donne des Principes génèraux, que tous les Princes devroient
avoir en fingulière recommandation,*

&

Siftême, c'eft entreprendre d'enfeigner le Cours des aftres à un aveugle.

& le dernier ne veut parler que des règles aplicables dans les Collèges, qui, felon les différentes Conftitutions des Païs, font fujettes à quantité d'exceptions. Au refte la juftice & l'utilité des règles que donne Monfr. l'Abbe DUGUET *font fi frapantes, qu'il eft furprenant qu'elles foient fi peu fuivies. Nous en trouvons une raifon dans un mot d'*ARISTIPPE *à* Denis *le Tyran. Ce dernier ayant demandé au premier pourquoi on voyoit des Philofophes faire la Cour aux Princes & qu'on ne voyoit point les Princes chercher les Philofophes. C'eft, répondit* ARISTIPPE, *que les Philofophes conoiffent leurs befoins, & que les Princes ne conoiffent pas les leurs. Des Princés, qui manquent de vertu, de fageffe, & de bon confeil, ignorent leur mifère, & ne fongent point par cette raifon à y chercher du remède.*

Il y auroit de l'impoliteſſe & de la témèrité ſi l'on vouloit importuner de raiſonnemens une Cour, qui ſe gouverne ſelon les principes militaires (b).

Prêcher les Loix à une Cour dont la plûpart des Serviteurs ſont de la *marchandiſe de contrebande* (c), c'eſt enfouïr des Diamans dans le ſable.

Il

(b) *Voyez ce qui a été dit là deſſus dans le premier Tome.*

(c) *Et où donc? C'eſt préciſément là que tout bon Patriote doit prêcher les Loix & la vérité avec le plus de force. Ce ſont les Cours dérèglées, & non celles, ou l'Ordre règne ſans cela, qui ont beſoin de leçons. Je l'ai dit autre part, il ne faut point ſupoſer que le déſordre vienne de la volonté du Prince, il eſt l'ouvrage de ces Serviteurs, que Monſr. de* MOSER *apelle avec tant de raiſon de la Marchandiſe de contrebande, & à qui tout ſerviteur fidèle & vraiment affeƈtionné à ſon Maître doit faire une guerre perpètuelle, & travail-*

Il y a même des Cours où il n'eft quères poſſibles de rien changer ni au Sis-tème, ni aux métodes reçûes, quelles que ſoient les lumières du Souverain, juſtes, ou fauſſes. Cette Conſidération tombe particulièrement ſur le plus grand nombre des Cours ecclèſiaſtiques d'Allemagne.

*

*   *

Il n'y a pas long-tems qu'un honnète-homme, qui a de l'expèrience me di-

vailler ſans relache à faire parvenir la vérité au Prince. On doit tout eſpè-rer de la bonté de Dieu. Pourquoi n'en eſpèreroit-on pas un trait de Com-paſſion, qui ouvriroit les yeux de ces Princes aveuglez, & leur feroit co-noître le jugement ſain qu'ils doivent porter de leur mauvais ſerviteurs? Les bons doivent donc faire des efforts re-doublez préciſémeut à ces Cours déran-gées, que Monſr. de MOSER ne penſe ſans doute à abandonner à leur mau-vais ſort, qu'en les ſupoſant abſolu-ment incorrigibles.

diſoit, qu'ordinairement *les affaires don-*
nent moins de peine que les gens, avec les-
quels on eſt obligé de les traiter (*). Comme je ne ſuis pas ici dans le cas d'écrire une Logique pour les affaires, ou
pour la ſcience du Gouvernement, &
que mes reflexions ont proprement
pour objèt les qualitez perſonnelles, je
me renfermerai auſſi dans les bornes de
cet unique point.

De *l'ordre* dans les choſes, de la ſageſſe dans la *Direction*, une *Subordina-*
tion bien règlée entre les ſerviteurs, c'eſt
ce qui fait l'ame des affaires.

* * *

Dans de grands Gouvernemens,
ou même dans ceux de la ſeconde Claſ-
ſe,

(*) Quand les hommes & les choſes ne
ſont pas dans leur rang, c'eſt le
plus grand des malheurs. *Refl. de*
la REINE‑CHRISTINE, *Cent.* 8.
n. 43.

Alleg. de l'Auteur.

ſe, il convient que les affaires diffèren-
tes ſoient auſſi diſtribuées à différens
Collèges ſupèrieurs, ou Departemens.
On ſait que les principaux ſont les Collèges ſupèrieurs établis pour l'adminiſtration de la Juſtice, le Collège de la
Regence, dans les lieux ou il ne ſe trouve pas chargé du département de la Juſtice en même tems que des affaires génèrales de l'Etat, ce qui eſt d'uſage en
pluſieurs Païs, le Tribunal Ecclesiaſti-
que, & la Chambre des Finances.

En *Pruſſe* il y a une multiplicité de
Départemens plus grande, & presque
exceſſive, d'où il reſulte une augmentation d'affaires, de Serviteurs, & d'A-
ctes. La *Conſtitution Pruſſienne*, où il eſt
queſtion d'une ponctualité & d'une ce-
lèrité extraordinaires, exigeoit néceſſairement de pareils arrangemens. Mais
cela donne lieu à un tel entaſſement
d'Actes ſur Actes dans les Archives &
dans les Regiſtratures, qu'après avoir
vêcu encore 50 ans en ſuivant cette Mé-
tode, on ſera forcé ou de faire une re-
vûë génèrale de tant de Papiers devenus

pour

pour la plûpart inutiles, ou les Regiſtrateurs ſe trouveront dans le cas de ce Voïageur que les Maiſons de Paris empêchoient de trouver la Ville.

Les Grands ont le bonheur peu déſiré par eux d'être imitez par les Petits. C'eſt par cette envie d'atteindre à une ſorte de reſſemblance ou d'égalité que l'on voit par ci par là en mignature dans pluſieurs Cours d'Allemagne tous les différens Corps de l'Armée du grand Monarque Pruſſien. Cette petite vanité s'étend jusques à l'Etat Civil. Il eſt amuſant de trouver dans des Almanacs d'adreſſe les différens Conſeils d'un Souverain, à qui il ſuffiroit d'avoir un Conſeiller, un Baillif & un Maître des Rentes, ce qui compoſoit jadis toute la Chancellerie de ſes Prédéceſſeurs. Heureuſement les fonctions de Conſeillers de Regence, de la Cour, du Conſiſtoire, de la Chambre ſe trouvent le plus ſouvent réünies dans les mêmes perſonnes (d).

Au-

(d) *Oui, & ce qu'il y a de joli, c'eſt que quelquefois un Conſeiller ſe trouve employé à pluſieurs Départemens où il n'entend pas plus à l'un qu'à l'autre.*

Autrefois l'ufage étoit à de petites Cours de fixer certains jours pour les affaires de la Chambre ; à préfent on à donné à la Chambre des Rentes le titre de *Collège*, & il en eft de même de toutes les autres Rubriques. Un petit Etat, qui n'eft compofé que d'une Villette & de quatre ou cinq Villages, a fa Chancellerie de Regence, fon Confiftoire, fon Collège de Finances, fon Maréchal de la Cour, fon Grand-Forêtier, fon Surintendant des bâtîmens, fa Députation pour le Département de la Police &c. Je puis attefter comme trés-vrai un Cas, où l'on expèdia cinq Decrèts de la Chambre pour faire racommoder quelques tuiles au toit du Chateau, qui auroit été reparé avec tout autant de fûreté, fi on en avoit fimplement donné l'ordre de bouche au Concierge.

* * *

La Conftitution politique d'un Etat doit être confidérée comme un Edifice. On y a befoin de Directeurs, d'Infpecteurs, d'Artifans, d'Ouvriers ordinaires, de Manœuvres, d'aides à maçon ;
il

il y faut auſſi des Chevaux & des Anes,
pour porter les charges (e).

*

*   *

C'eſt au Souverain à créer le Directeur de chaque Collège. Lorsque le
ſujèt choiſi remplit dignement ſon Poſte,
le Choix eſt heureux (f).

Mais

(e) *Tout ce qu'il y a à ſouhaiter à cet égard
c'eſt que les* bêtes de charge *ne ſe trouvent
pas chargez de la Direction, de l'Inſpection &c. & qu'on ne prenne auſſi pour
les fardeaux que des ſujèts capables de les
porter.*

(f) *Il eſt indubitable que ce choix dépend
abſolument du Souverain. Cependant en
ſupoſant dans un Etat un grand* Conſeil
de Haute & de Baſſe Police, *tel que
nous l'avons propoſé dans le premier
Tome de cet Ouvrage (p.* 138. *&
ſuiv.) il ſeroit à ſouhaiter que le
Prince prit toûjours l'avis de ce Conſeil avant de fixer ſon Choix.*

Ce

Mais il en va fouvent à cet égard felon le mot de l'Empereur MAXIMI-
LIEN, qui difoit que *dans un jour il pouvoit faire cent Gentils - hommes, mais que
dans cent ans il ne pouvoit pas faire un habile - homme.*

Il faut abfolument qu'un Directeur
ou Préfident entende les affaires, dont fon
Collège eft chargé, à fonds, parfaitement, & à un tel dégré, qu'il furpaffe
en lumières tous les membres dont ce
Collège eft compofé. Il ne fuffit même
pas qu'à cet égard il fente fes propres
for-

*Ce Corps refpectable, chargé d'avoir
particulièrement l'oeil à ce que les places vacantes ne foient remplies que par
des fujèts convenables dans chaque département, feroit mieux en état que le
Prince, foit dit fans bleffer le profond
Refpect dû à tout Souverain, de juger
des qualitez du Candidat, & n'en pro-
poferoit vraifemblablement que de tels,
de l'habileté & de la Probité desquels il
pourroit répondre.*

forces; il faut encore qu'il foit conu pour tel par les gens du païs, & par les Etrangers.

S'il eſt vrai que ces règles foient aplicables à tous les Collèges en génèral, il n'en eſt pas moins certain que les dons de l'eſprit & les qualitez du Cœur font eſſentiellement néceſſaires aux membres qui les compoſent. Un Préſident du Conſiſtoire qui a une Conoiſſance parfaite des maladies des Chevaux, & des remèdes propres pour les guerir, qui dans ſes Converſations avec les Paſteurs a plus de ſoin de s'enquerir des Poulains, qui ſont dans la Paroiſſe, & des Haras du Diocèſe que de la façon dont les Miniſtres de l'Evangile rempliſſent leurs devoirs, auroit ſans doute été employé plus convenablement à l'écurie, qu'à la tête du Tribunal Eccleſiaſtique. Un Directeur de la Chambre des Finances dur & intèreſſé peut attirer au meilleur des Souverains le renom de Tiran dans l'eſprit de ſes ſujèts, & auprès des Etrangers celui de Prince qui a une façon de penſer mépriſable

ble (g). Un Courtier de Juſtice, qui règle ſa voix ſur le nombre & le poids des Préſens qu'il reçoit, fait couler ſur un Païs des larmes qui cauſent plus de dégât que les lavaſſes, les tempêtes & les ouragans.

*

*　　　　　*

Le Préſident ou le Directeur d'un Collège doit bien poſſèder l'art difficile de commander, & le ſavoir exercer avec ſageſſe. Il faut qu'il ait tous les talens néceſſaires pour ſe faire aimer & reſpe-cter par tant de perſonnes d'un Caractè-

B 2　　　　　　　re

(g) *Cetté reflexion peut auſſi être quelque fois aplicable aux Miniſtres & aux Cabinets. L'Hiſtoire fournit des exemples de Princes trés-eſtimables par les qualitez du cœur, qui n'ont pas laiſſé de perdre la Conſidération des Etrangers & d'alièner l'amour de leurs ſujèts, parcequ'ils toleroient les vexations & les injuſtices de ceux, à qui ils avoient une fois confié trop d'autorité, & qui abuſoient de leur nom.*

re fi diffèrent, qu'il fache affigner à chacun le travail auquel il eft obligé, ou
pour lequel il a le plus d'inclination &
de capacité; il doit favoir entretenir la
bienféance, l'ordre, la diligence, & l'o-
beïffance tant dans le Collège que parmi les Subalternes, & avoir affez de
charité pour corriger avec douceur ceux
qui commettent des fautes ou des foi-
bleffes, mais auffi affez de courage pour
reprendre avec feverité de mauvais tours,
des malices & des infidèlitez, à quoi il
doit aporter toute l'impartialité d'un juge, & le feu d'un Perfécuteur décidé du
Vice (h). Ses Collègues doivent trouver
en

(h) *Cela fait conoitre en même tems combien il importe aux Princes de ne pas
choifir des Chefs de Dicaftère, qui
foient vicieux eux-mêmes. Un Cour-
tifan, que la vie oifive, voluptueufe,
& intriguante de la Cour, a une fois
gâté, fera rarement un bon Chef de
Collège, & cette penfée mérite d'autant plus reflexion que la Probité &
l'Intégrité du Chef influë beaucoup
fur*

en lui un Apui, un Défenſeur, un Ami,
un Père, qui a leur véritable bien à
cœur, qui eſt toujours diſpoſé à faire
valoir leurs travaux & leurs mérites.
Mais ſur toutes choſes, s'il eſt jaloux de
l'honneur de ſon Emploi, qu'il évite
toute familiarité. Quand on s'eſt trop
familiariſé la veille, il eſt bien difficile le
lendemain de donner des corrections ou
des ordres. Encore moins le peut-on,
lorsqu'on s'eſt mis dans le cas de partager quelque profit injuſte, ou d'être de
moitié de quelques mauvais tours, ce
qui force le Préſident à ſe taire (i) pour

que

ſur les démarches & la conduite de
ceux qui ſont ſous ſa Direction.

(i) *Ce cas eſt tombé plus d'une fois ſur des
Miniſtres mêmes. Heureux & mille
fois heureux celui qui peut alléguer en
ſa faveur ce beau mot:*

Murus aheneus eſto

Nil conſcire ſibi, nulla palleſcere
culpa.

B 3   *Avan-*

que le Confeiller ne parle pas , ou ne
fe trouve en état de dire au Préfident
à l'oreille: *Si Vous foufflez, je Vous entrai-
nerai dans mon malheur.*

Le cas où l'on commande avec le
plus d'agrément, & où les ordres font
exècutez avec le plus de ponctualité, de
certitude, & de bonné volonté, c'eft
lorsque la bonne intelligence dirige les
ordres, lorsque le Chef & le Collège
font liez reciproquement enfemble par
une eftime fondée, & foigneufement
entretenuë. Un Soldat, qui a une grande idée de fon Général, & de l'attention, de la fageffe, & de l'expèrience,
que celui-ci aporte à toutes ces démarches,

*Avantage précieux, dont ne jouiffent
certainément pas ces malheureux Serviteurs, qui ont écouté mille fois avi-
dement cette damnable Propofition: il
y aura tant pour la Caffette de S.
A. S. & tant à part pour vôtre
Excellence, & qui en ont profité.
Le profit le plus clair en cela eft toûjours pour le Diable dans le fonds.*

ches, combat avec beaucoup plus de
courage & eſt infiniment plus ſûr de
vaincre, que celui qui ne va à la bataille
que par force & avec défiance.

*   *   *

Lorsque les Collèges, ou les Conſeils, ſont établis dans la même Ville où
le Prince réſide, il ſeroit juſte que dans
de certains tems les Préſidens & Directeurs de tous ces Conſeils euſſent l'accès libre au Conſeil Privé (k), & qu'ils
y puſſent donner leur voix, au moins
dans les affaires qui concernent leurs
Collèges. Dans les lieux ou les choſes
ſe traitent ſimplement par écrit entre le
Miniſtère & les Collèges, bien des articles demeurent en arrière, qu'on ter-
B 4 mi-

(k) *Il n'en iroit quelques fois que mieux
ſi ces Chefs étoient eux mêmes Membres du Conſeil Privé. Car il eſt de
fait qu'aſſez ſouvent les Conſeillers Privez ont beſoin d'information ſur ce qui
eſt relatif à la Conſtitution particulière des Collèges.*

mineroit radicalement en communiquant de bouche & en perfonne avec le Chef-Directeur, parce qu'on ne peut porter un Jugement affûré fur ces articles - là qu'autant qu'on a une Conoiffance exacte & néceffaire de la Conftitution intérieure du Collège. Car il ne fert rien de travailler, lorsque le Travail ne finit jamais. Quand un Collège & fon Chef font tellement feparez du Miniftère, qu'ils ne communiquent enfemble fur quoique ce foit, à moins que la Coûtume & l'obfervance ne les y force, il s'introduit fous main dans un Collège des abus, des Négligences, des maximes peu fûres, des Méthodes préjudiables, qu'on ne conoit, ni ne relève (1)

Il eft vrai que cet objèt paroit être rempli, parceque dans la plûpart des Etats moyens de l'Empire les Préfidens des

______

(1) *Il eft trés - déplorable que cette trifte défcription fourniffe un Miroir fidèle de la plûpart des Collèges.*

des Cours fupèrieures font en même tems Miniftres. Mais en dis - je trop, ou eft - il effectivement vrai que ces Mi-niftres - là affiftent rarement & peut - être point du tout aux féances des Collè-ges, dont ils font les Chefs (m)? & il refulte de là un autre inconvènient encore plus grand. Il eft toujours in-conteftablement certain, que le Mini-

B 5   ftre,

(m) *Il femble que c'eft avec regrèt que Mr. de* MOSER *forme cette queftion. Et effectivement elle eft honteufe à des Chefs de Collège, fi peu attentifs à rem-plir leurs devoirs. Un Chef de Collè-ge tire ordinairement de gros apointe-mens & jouït de grands honneurs. Il doit donc travailler pour l'Etat à pro-portion des avantages qu'il en tire. Tel-le eft la règle. Mais malheureufement dans le fait le plus fouvent ces Chefs ne cherchent qu'à ramaffer fur leurs têtes plufieurs Emplois, pour en retirer le Produit & les émolumens. Remplit les fonctions qui veut, & qui peut, pour-vû qu'ils jouïffent commodément & vo-luptueufement des revenus.*

ſtre, s'il doit travailler entant que *Mi-niſtre*, ne pourra jamais ſatisfaire par-faitement aux devoirs eſſentiellement at-tachez à l'emploi de Directeur, à moins qu'il ne ſoit ſimplement Préſident *ad honores*, & qu'il n'y ait un ſecond établi, qui dirige en effèt, & qui ait les lu-mières & l'autorité neceſſaires pour les fonctions du Directoire, comme l'on voit des Regences & des Chambres de Finances, qui ont leurs Préſidens & leur Directeurs, ou auſſi leurs Préſidens, & Vice - Préſidens.

Qu'il y ait donc un Préſident ou qu'il n'y en ait point, chaque Collége doit avoir au moins un Membre qui y ſoit conſidèré comme le Souverain.

Quelques uns parviennent à ce dégré d'autorité par une élèvation & une force d'eſprit victorieuſe, qui é-tend leurs Conoiſſances beaucoup au de là de celles des autres, & qui ré-pand de la clarté & de la lumière ſur

tout

tout ce que des hommes de cette trem-
pe entreprennent (*).

D'autres y montent par une longue expérience aquife dans les affaires
de leur Collège, & d'autres encore par
des brutalitez & des groffièretez, auxquelles un honnète-homme ne s'expofe pas volontiers.

*

*   *

Celui qui a la préféance, & qui dirige, arrange l'ordre des affaires, il les
diftribuë à ceux qui doivent travailler,
& il a foin de leur progrés, de leur accélération, & de leur exécution. Il
peut

(*) Il y a une étoile & une efpece
d'afcendant, qui fe fait reconnoî-
tre en quelques perfonnes, & qui
les fait regner fur les efprits les
plus indépendans & dans les Republiques les plus libres. *Nouv.*
Relat. de VENISE, *T. I. p.* 233.

Alleg. de l'Auteur.

peut donner des preuves de son savoir-
faire dans chacune de ces parties , &
lorsqu'il excelle en toutes par sa capacité & par sa vigilance, on peut le regarder comme un Maître.

Pour bien obferver l'Ordre dans
les Affaires , il faut beaucoup de Sages-
fe , & plus de Probité qu'on n'en trouve dans quantité de Collèges & de Mi-
niftères.   Il eft établi que dans les Collèges on reçoit tout ce qui y eft préfenté;
mais le mot ordinaire qu'on dit au pauvre fupliant eft: *Vôtre affaire pend à la
Regence; ou vôtre affaire pend à la Chambre;* oui, les affaires y pendent fans doute & cela fi long-tems qu'elles ont fouvent le tems de pourrir, avant qu'on les
dépende (n).

Une

(n) *La chofe n'eft malheureufement que
trop vraie, & n'eu crie pas moins ven-
geance, & ce qu'il y a de plus trifte c'eft
que fouvent le fupliant n'ofe pas fe
plaindre au Prince d'un procèdé auffi
blamable, de peur de pis.*

Une Méthode qui ne vaut rien, &
des Principes contraires à l'équité font
les deux grandes fources du défordre.

Pour parler de la *Méthode*; je conois une Chambre des Finances dé-
règlée par Siftème, & qui demeurera telle
jusques à ce qu'on repare l'edifice par
les fondemens, c'eft-à-dire, jusques à
ce qu'on y fubftituë de nouveaux Membres à ceux qui y font, & qu'on y a-
dopte une Méthode toute nouvelle.
J'ignore fi cette Chambre eft pourvûë
d'un Directeur, mais fi elle en a un,
il manque de lumières ou d'autorité.
Dans les huit ou dix Perruques, dont
cette Chambre eft compofée, il n'y
a pas une feule tête qui ait fon département certain & fixe (o); ils s'entre
di-

(o) *Je conviens avec Mr. de* MOSER,
qu'il eft à propos que chaque Membre
du Collège des Finances ait fon départe-
ment

diſtribuent les Actes entre eux comme ils le trouvent à propos. Tel a fait aujourdhui ſon raport dans des affaires forêtières, qui ſe charge demain de ce qui

ment particulier certain & fixe, en ſupoſant que ce Membre ſe contente d'examiner les matières , de digèrer les cas, de préparer & de minuter même les reſolutions, & que l'Expèdition dépende du Collège en Corps, & non de ce Membre ſeul, ce qui ſeroit ſujèt à des inconvèniens pernicieux. On a de ces Chambres des Finances, où tel Membre a une tache certaine & fixe. Mais ce Membre, s'il manque de probité, arrache du Prince un Decrèt qui le rend indépendant du Collège. Maître abſolu alors du Département qui lui eſt confié, il pille le Prince & le ſujèt à ſon aiſe, en jettant de tems en tems aux yeux du Souverain quelque pouſſière, qui le fait paſſer pour Serviteur fidèle. Ses Collègues ne le conoiſſent pas moins pour ce qu'il eſt, mais ils n'oſent parler, parceque les ordres du Maître leur ferment la bouche.

qui concerne les bergeries, & celui qui
eſt le mieux au fait de l'économie rurale s'attribuë la Reviſion des Comptes.
L'un ne ſait pas plus que l'autre dans ce
qui intèreſſe véritablement le Païs, &
à les prendre tous enſemble ils ſont
trés - ignorans dans le Total. Il eſt de
fait qu'il n'y en a pas un ſeul dans
tout le Collège qui ſoit foncièrement
au fait d'une unique Branche principale des Finances. La Routine eſt leur
ſeule règle. C'eſt en ſuivant cette routine qu'ils donnent leur voix, qu'ils
chiffrent, qu'ils empruntent toûjours,
& qu'ils ne payent jamais, & qu'ils
plongent le Prince & l'Etat dans la
misère.

*

*   *

Pour mettre ceci plus au clair, exa-
minons un peu les principes reçûs dans
ces Collèges où le désordre règne. Les
voici à peu près:

S'il importe à quelqn'un de voir la fin
de ſon affaire, qu'il la ſollicite lui-même.

Il faut employer, comme l'on peut, la douceur & la rudeſſe, pour ſe défaire des ſolliciteurs trop importuns.

Il faut auſſi pouvoir écouter des ſottiſes & des impertinences & les avaler, ſans ſe déranger pour cela de ce qu'on avoit deſſein de faire.

On doit toûjours s'exculper des retardemens, comme n'en étant pas la cauſe, & charger de la faute le Préſident, ou le Collège, ou les Secrètaires, ou, s'il le faut, les Conſeils ſupèrieurs.

L'affaire a déjà duré tant d'années. Peu importe quelle ſoit terminée un an plûtôt ou plus tard.

Il n'en revient rien au Prince, on peut laiſſer encore languir l'affaire.

Nous n'avons pas du droit de reſte dans telle affaire, il ne là faut pas trop preſſer.

Nous pouvons forcer la choſe, nous ſommes en état de tenir bon jusqu'au bout, les mauvais propos qu'on tiendra ſur nôtre compte ne nous intèreſſent guères, non plus que ce qu'on préſentera contre nous aux Tribunaux de l'Empire. L'affaire n'eſt pas encore déſeſpèrée, il y a encore toujours aſſez de tems pour la ſinir.

Il y a des Principes apliquables à cette affaire, auxquels il ne nous convient pas de toucher, parce que dans d'autres occaſions nous avons foutenu nous - mêmes des Principes contraires, ou que nous pourrions être intèreſſez à les foutenir à l'avenir; il n'y a qu'à laiſſer la choſe là.

Il feroit bon à la verité que cette affaire fut miſe ſur le tapis & terminée, mais qui eſt - ce qui s'en chargera? C'eſt un travail épouvantable. Chacun s'excuſe; on parle dix fois de l'affaire, & enfin elle eſt penduë au croc (*).

*

*   *

Quant à la *Diſtribution des affaires*, j'ai déjà propoſé dans la Section précédente quelques conſidèrations auxquelles je me refère.

Dans la plûpart des Collèges on a coûtume de charger chaque Membre
d'un

(*) Inutili cunĉtatione agendi tempora deliberando confumunt & dies rerum verbis terunt. *Tacitus. Tacite auroit - il été Prophète? On diroit qu'il a voulu déſigner les Conſeillers du dix-huitième ſiècle.*
Alleg. de l'Auteur.

d'un certain *département particulier*, à quoi il faut principalement avoir égard dans la diſtribution des affaires qui ſurviennent. Cependant on ne ſauroit à cet égard lier abſolument les mains au Chef d'un Collège, qui par des raiſons, & vû des circonſtances, qui concernent perſonnellement le Raporteur (p), ou l'accélération de l'affaire &c., peut ſe croire obligé de faire une exception à la règle.

A cela près la règle doit être exactement obſervée. Chaque ſorte d'affaires doit avoir ſon *homme propre* & affidé; ſans cela il ſe fera de mauvais ouvrage, & les affaires tomberont inévitablement en confuſion, parcequ'on ne peut exiger de perſonne qu'il ait des Conoiſſances également étenduës, & une expèrience également conſommée dans toutes les parties, qui peuvent faire l'objèt des delibèrations d'un College.
Je

(p) *C'eſt une Conſidération trés - juſte à ajouter à la Remarque immèdiatement précèdente.*

Je dirai plus, c'eſt que les Univerſaliſtes, j'entens par là cette eſpèce d'hommes qui ſe donnent pour univerſels, & qui s'empreſſent d'être employez à tout, ſont ſouvent des Fourbes, des Vendeurs de Fumée, &, à en juger le plus charitablement, des gens, ſur lesquels il n'y a aucun fonds à faire (q).

*

*   *

Les Départemens relatifs au Conſeil Privé admettent la diviſion ſuivante: Les *affaires génèrales*, les *affaires particulières* concernant l'intèrieur du païs, les *affaires de Juſtice* & ce qui y apartient, le ſoin des *Finances*, & les affaires é-trangères.

C 2   La

(q) *Ce ſont, helas! ces* Vendeurs de fumée, *qui débitent le mieux leur marchandiſe, parceque peu de Princes s'apliquent, comme ils le devroient, à les diſtinguer des honnètes gens. Le réel devient le partage du Fourbe, qui laiſſe au Prince trompé la* Fumée.

La *Regence de l'Etat* exige fur toutes chofes une perfonne qui foit capable d'avoir dignement foin de ce Département, le plus confidérable de tous; c'eft à dire, un homme, qui ait une Conoiffance foncière de la Conftitution politique du Païs, & qu'on puiffe confidérer comme le *Publicifte* (*) de la maifon; fes fonctions doivent être de défendre les Droits du Prince dans leur *Tout*; il eft par conféquent chargé de tous les Différens, & des Conférences avec les Voifins, avec les Etats du Païs, avec les Nobles, foit immédiats foit médiats, qui y poffèdent des terres, &c., de tout ce qui va aux Tribunaux de l'Empire, aux Comices, ou aux Diètes du Cercle, en un mot de tout ce qui peut être compris fous la Rubrique *d'Affaires publiques.*

Si les affaires *féodales* ne font pas confidérables, on pourroit l'en charger auffi;

(*) On entend par la l'Homme conftitué pour fournir tous les fecours qu'on peut puifer dans le *Droit public.*

auſſi ; mais en cas qu'elles exigeaſſent trop de tems & de travail on pourroit commettre un autre homme exprès pour ce département particulier.

Un Troiſième pourroit avoir ſoin en géneral des *affaires intérieures* du Païs ; il ſeroit proprement le Gardien & le Défenſeur des Loix & des Ordonnances, & chargé de ce qui concerne les Frontières, & les Commiſſions dans le Pais ; des affaires des Baillifs & des Communes, des Différens de Jurisdiction, qui s'élèvent entre les Inſtances infèrieures &c. (r).

Tout

(r) *En chargeant un ſeul & même homme de cet important département & de toutes les parties que Mr. de* MOSER *ſpécifie dans ce paragrafe, je crains que l'on ne lui donne trop d'Ouvrage. Il y a bien là dequoi occuper deux hommes pour peu que la Souveraineté ſoit étenduë. Mais ſupoſé même qu'un ſeul Conſeiller eût les qualitez néceſſaires pour porter tout ce fardeau, il fau-*

C 3 *droit*

Tout cela a une grande Connexion avec les Droits particuliers refervez au Souverain, à la Défenfe desquels on commet en plufieurs endroits un homme exprès fous le Titre de Procureur de la Chambre, de *Fifcal génèral*, d'Avocat du Prince, ou fous quelque autre nom. Mais les fonctions de cet Emploi vont en partie plus loin, & font en partie renfermées dans des bornes plus étroites que celles dont je parle ici (s).

On

droit que fes relations fuffent bien examinées par le Collège en Corps, avant de ftatuer aucune décifion. Ce que je dis ici eft par opofition à ce qui fe pratique par abus dans bien des Collèges, où l'on fe contente de parafer fans les lire des Refolutions minutées par le Confeiller-Raporteur, bien entendu qu'en cas pareil il aura la même complaifance pour fes Collègues. Abus qui eft la fource de mille injuftices.

(s) *Telle étenduë qu'on donne aux fonctions de cette charge, grande ou petite,*

il

On pourroit donner pour occupation à un autre tout ce qui concerne la *Haute & baſſe Police*, entant qu'elle eſt du reſſort de la Regence, & le charger encore de ce qui concerne les *Poſtes*, la *Monoie*, les *Chemins* & leur ſûreté, la *Chaſſe*, les Forêts, les *Péages*, la *Navigation*, les *Pauvres* &c.

Enfin on pourroit encore en nommer deux pour ſoigner les *Procès des Particuliers* & les affaires courantes (t).

C 4

Au

il eſt toûjours de la dernière importance de ne la confier jamais qu'à un homme bien conu pour être actif, intègre, & habile, pour être ſûr qu'il ne négligera rien, que la juſtice le guidera, & qu'il ne commettra aucune faute par ignorance. Malheur aux pauvres Païs, où le Fiſcal eſt toûjours prêt à devenir pour un vil interêt l'inſtrument de la paſſion, ou des vuës intéreſſées, d'un Miniſtre ou d'un Favori.

(t) Quatre *ne ſeroient par trop pour cette tache en ſupoſant une Principauté d'une étenduë médiocre.*

Au *Confistoire* il faudroit qu'un Membre fut chargé des Edifices facrez & de leur entretien, des Revenus & Biens affectez aux Eglifes & aux Ecoles publiques, & de tout ce qui concerne leur adminiftration économique.

On remettroit de même à un autre le foin des Maifons des Pauvres, des Orfelins, de Correction, des Hôpitaux, des fondations pieufes, & tout ce qui intereffe les Caufes pies.

Le troifième feroit chargé de la Défenfe des Droits de ces mêmes Maifons contre toutes les attaques du dedans & du dehors.

On pourroit diftribuer au quatrième & au cinquième les Procès pendans au Confiftoire, & les interêts des Particuliers qui y ont à faire.

Les affeffeurs Ecclèfiaftiques auroient foin de ce qui concerne la Doctrine,

ne, la vie & les *Mœurs des Gens d'E-
glife* (u).

S'ils font eux-mêmes de bons & lo-
yaux Serviteurs du Seigneur, & qu'ils
s'intereffent à l'avancement de fon
Règne, ils s'aquitteront avec joie & a-
vec zèle des fonctions de leur important
emploi, dans la vûë de former des dignes
Miniftres de l'Evangile (*); ils fe feront
une occupation férieufe du bien de l'E-
glife, des Univerfitez & des Ecoles, &
d'être les Défenfeurs & les Protecteurs
de la Vérité contre le Diable & tous fes
fupôts (x).

Le

(u) *Il faut abfolument & fimplement a-
bandonner cette tache aux compaffions
infinies de Dieu; cinquante Affeffeurs
n'y feroient que de l'eau toute claire.*

(*) C'eft le département du St. Efprit; les hommes ne peuvent faire tout au plus que des hi-
pocrites.

(x) *Je crois qu'une précaution à prendre
dans tous les Collèges en géuèral feroit
de foumettre tous les différens Emplois*

C 5

que

Le Membre le plus néceſſaire dans
la *Chambre des Rentes* d'un grand Etat,
oû

que nôtre *Auteur diſtribuë à un* Con-
trole, *qui obligeat chacun à faire ſon
devoir.* Cela *ſe pourroit au moyen
d'un* Corréferent *qu'on nommeroit
pour chaque affaire.* Ce Corréferent
*ſeroit toûjours au choix du Préſident
ou Chef du Collège, & ſon Emploi ſeroit de vérifier les Relations du Conſeiller - Raporteur ordinaire.* Il fau-
*droit par conſéquent que ces Relations,
qui doivent toûjours être préſentées par
écrit, fuſſent remiſes avec les Actes au
Corréferent que nous propoſons, & que
le Collège ne décidât rien qu'après a-
voir ſçû par le Corréferent ſi les Relations du Raporteur ſont parfaitement
conformes aux Actes, ſi aucune pièce
n'a été altèrée, & ſi rien n'a été ou-
blié par négligence, ou par malice, lequel dernier cas devroit toûjours être
ſuivi d'une punition exemplaire,* en
quoi

ou même d'un Etat de la seconde Clas-
fe, c'eſt un Directeur qui poſsède bien
le Plan qu'on s'eſt propoſé de ſuivre,
& qui ne le perde jamais de vûë (y).
Il faut qu'il conoiſſe parfaitement les

pro-

*quoi il faudroit auſſi aporter une gran-
attention à ce qu'il n'y ait jamais aucune Connexion d'interêt, de parenté,
&c., entre le Raporteur & le Corréferent. Car lorsque cela eſt, il eſt trés-
vraiſemblable que Monſr. le Raporteur
& Monſr. le Corrèferent partageront
le gateau, & que le Collège & les Parties ſeront Dupes malgré la précaution.*

(y) *Le Directeur d'une Chambre des rentes a beau avoir devant les yeux le
Plan le mieux imaginé, & ne le pas
perdre de vûë, fut il un Ange du Ciel,
& tel en un mot que Mr. de* MOSER
*exige avec raiſon qu'il ſoit, s'il n'a
pas l'oreille & la confiance du Prince,
il verra toûjours déranger ſon Plan
par les ménees d'un Miniſtre ou d'un
Favori, intereſſé à entretenir le désordre.*

proprietez du païs & les dons dont il a été avantagé par la Nature; qu'il éclaire toutes les démarches de ceux qui travaillent sous lui, qu'il encourage leur fidèlité, qu'il anime leur activité, qu'il sçache maintenir l'Ordre & la Probité dans son Collège, qu'il ait lui - même la capacité & des lumières suffisantes pour imaginer & exècuter les moyens d'amèliorer le Païs, qu'il soit aimé par ses Collègues, soutenu par son Maître, craint des Faiseurs de Projèts & des Fourbes, honoré dans l'Etat, & recompensé par la Confidération qu'un tel homme mérite.

A la vérité la plûpart de nos Souverains en Allemagne n'ont pas besoin justement d'un *Colbert* pour administrer leurs Finances; ils peuvent se passer à moins, & graces à ce qu'on apelle la *Liberté Germanique*, il n'y a guères plus à prendre sur les sujèts : cependant je me fais fort de prouver qu'il n'y a point d'Etat, si petit soit-il, qui ne soit encore susceptible *d'amèliorations* justes & utiles, à examiner les choses en détail & avec

avec exactitude. Mais quand je parle d'amèliorations utiles, j'entens par là des arrangemens qui amèliorent auffi les revenus des fujèts & augmentent le Produit de leur induftrie (z). Un Souverain

(z) *Il n'y a point de Financier entendu qui n'adhère en ceci au fentiment de Mr. de* MOSER. *L'amélioration la plus folide des Revenus d'un Prince dépend de l'amélioration des Revenus du Sujèt. Celui que le Prince met à même par de fages établiffemens de gagner 20 fl. de plus par an, en donne volontiers une jufte retribution à fon Souverain. Malheureufement la plûpart des Financiers de nôtre fiecle ne conoiffent rien à cette bonne méthode. Ils croient avoir fait des merveilles, quand au moyen d'un nouvel impôt ils font venus à bout de contraindre le fujèt à payer plus qu'il ne faifoit autrefois, fans lui fournir le moyen de fe procurer ce furplus par fon induftrie, & fouvent en foulant aux piez toutes les règles de la juftice &*

de

rain qui a eu le bonheur d'aquerir un Financier propre à tout cela, doit l'estimer autant qu'une mine d'un riche raport.

La Serenissime Maison de *Hesse-Cassel* possède un pareil joyau en la personne de Monsieur le Conseiller Privé *Waiz*, lequel avec les qualitez propres au vrai mérite & le Caractère d'un véritable Ami des hommes, a des lumières si étenduës dans toutes les parties de la science des Finances & de l'économie camèrale, & même dans les secrèts les plus cachez de la Nature, qu'on pourroit le nommer à juste titre *le Frère de la Nature*. J'ai eû le bonheur de voir & d'admirer cet homme duquel on peut dire à la Lettre qu'il

de l'équité. C'est l'encouragement du Commerce & des Fabriques qui attire les Richesses, non la dureté d'un Financier, qui ne possède que l'art cruel de hausser les impôts, ou d'en imaginer de nouveaux. Quand le sujèt est ruiné, toutes les ressources du Prince sont taries.

qu'il a trouvé la Pierre philofophale. Ceux qui font au fait d'une certaine anecdote concernant les falines importantes de *Nauheim*, trouveront mon expreſſion conforme à la vérité. C'eſt aſſez dire à l'honneur du Souverain, qui fait prifer un tel Serviteur ce qu'il vaut, & à l'honneur du Miniſtre même, que d'informer le Lecteur que fa Majeſté Pruſſienne a prié deux fois Monſeigneur le Landgrave de lui envoyer cet excellent homme, pour favoir fon fentiment fur quelques queſtions particulières, & que le Duc de *Broglio*, ce Seigneur ſi reſpectable par les grandes qualitez perſonnelles dont il eſt doüé, a rendu de lui même en quittant *Caſſel* à Monſieur *Waiz* ce témoignage, ſi honorable par les circonſtances dans lesquelles il a été prononcé: *Si le Roi de France avoit deux Financiers de cette catégorie, les affaires du Royaume en iroient beaucoup mieux* (a).

L'e-

___

(a) *Peut-être ſeroit on en peine d'en rencontrer en Allemagne un ſur cinquante auquel on pût apliquer le même éloge.*

L'eſtime la mieux fondée m'oblige d'allèguer pour exemple encore un Miniſtre digne d'être vénèré par pluſieurs Conſidérations, qui a ſçû faire un trés-heureux uſage dans ſon Emploi de tous ces Principes. Son nom ſera toûjours prononcé avec reconoiſſance par la poſtèrité la plus reculée de la Sereniſſime Maiſon qu'il ſert, à l'imitation de ſon Prince actuellement regnant, qui eſt un Conoiſſeur du vrai mérite, & qui récompenſe dés-à-préſent celui du Miniſtre dont je parle d'une manière glorieuſe à tous les deux, en l'honorant de la plus parfaite confiance & en lui accordant des recompenſes trés-réelles avec une génèroſité digne d'un Maitre & d'un Serviteur qui penſent auſſi noblement l'un que l'autre. Je déſigne par ces eloges mérités Monſieur de *Zerbſt*, prémier Conſeiller Privé & Préſident de la Regence & du Conſiſtoire de S. A. S. Monſeigneur le Prince de *Waldeck*. Lorsque ce Miniſtre entra en charge, il trouva que la Comté de *Pyrmont* raportoit environ quatre millle florins.

En

En s'apliquant à augmenter les avantages naturels du Païs, en établiffant une
faunerie, en amèliorant les arrangemens
relatifs à la celèbre fontaine minérale qui
eft là, en pourvoyant le Païs de Ver-
reries particulières, en prenant les mefu-
res convenables pour augmenter le dé-
bit des Verres, & pour en procurer le
tranfport au meilleur marché poffible,
en un mot par mille foins de cette nature, Monfr. de *Zerbft* a fait monter les
revenus de la Comté à fix fois autant,
& au de - là, que ce qu'elle raportoit,
lorsqu'il a pris l'adminiftration des Finances, à ce qu'une perfonne digne de
foi m'a affûré. Et ce qui couronne
l'œuvre, c'eft que tout cela s'eft fait
fans fouler le fujèt. Bien loin de là
on a amèlioré fon fort, en fourniffant
plus d'objèts à fon induftrie, & on a
enrichi le Païs de nouveaux habitans
attirez par la facilité d'y gagner leur
fubfiftence (b).

Après

______

(b) *L'exemple allègué prouve ce qu'un bon*
    Financier eft capable de faire, mais

Après un Chef sage, & expèrimenté, l'Homme le plus nécessaire est celui que l'on charge proprement & particulièrement de tout ce qui concerne la Recette; non pour avoir la Caisfe, & manier lui même les deniers, ce qu'on doit faire par des Subalternes, mais pour avoir constamment l' oeil en génèral à toutes les Rubriques relatives à la recette, & a chacune en par-

il indique aussi ce que c'est qu'un bon Financier. C'est celui, qui en augmentant les Revenus du Prince amèliore le fort des sujèts. Celui, qui ne fait que fouler le sujèt pour avoir vîte de l'argent comptant pour le moment présent, & fans reflèchir aux fuites préjudiciables, qui en refultent, plait dans le moment, dans lequel il aporte les efpèces, mais tôt ou tard il ne peut pas manquer d'être détefté par le Souverain même, aussi bien que par les Sujèts.

particulier, foit qu'elles foient toûjours les mêmes, foit qu'elles varient; il doit prendre garde à leur déchet ou à leur accroiffement, en examiner les caufes, donner une attention, particulière aux raifons du déchet, & propofer au Collège tout ce qui apartient à cet article, & qui mérite une delibèration particulière.

Un autre Membre devroit être uniquement chargé de la dépenfe en gros, & des Comptes qui y font relatifs.

La troifième perfonne principale feroit un homme, qui entendroit à 'fonds, autant qu'il eft poffible, tout ce qui concerne l'économie rurale, & les branches nombreufes & utiles qui entrent dans cette Rubrique (c).

Il

(c) *Cet article eft des plus importans. Il a pour objèt ce qui fait la fource principale des Reveuus & des Fonds du Païs. Il ne doit donc être confié qu'à un bomme, qui joigne à une grande conoiffance de tout ce que cet-*

te

Il faudroit char'ger un autre Confeiller de tout ce que le Païs produit,
& de ce qu'on peut retirer des Forêts,
des Mines, des Salines, des Forges &c.
Les relations à faire touchant ces articles, & le foin qu'ils exigent, lui don-
neroient affez d'occupation. Dans des
Etats d'une petite étenduë on y pourroit

*te matière embraffe un grand fonds
de probité & de défintéreffement. Il
faut par conféquent bien fe garder de
donner de pareils Emplois à ces mi-
férables Plusmacher (*) ordinaires,
qui ruinent les Campagnes, & dé-
truifent en effèt l'Agriculture & la
Population par les Plans nouveaux
qu'ils ne ceffent d'imaginer pour tirer
quelque chofe de plus des pauvres fujèts, au lieu de s'occuper des amélio-
rations toûjours poffibles, qui augmentent en même tems les revenus du fujèt comme ceux du Prince & ne produifent jamais des effèts deftruEtifs des
Finances.*

(*) Voy. l'explication de ce mot au To. II.
p. 67. Rem. (e).

roit joindre le département des Manu-
factures & des Fabriques.

Dans une grande Cour, il ne feroit pas fuperflu d'établir un Homme
chargé particulièrement de ce qui concerne la Cour, & les befoins génèraux
de l'Etat, entant que la Chambre des
Finances eft obligée d'y pourvoir &c.

Dans les Cours fort chargées de
Dettes, il feroit de l'équité de confti-
tuer un Confeiller exprès, chargé de
trouver des tempèramens entre le Prince & fes Créanciers, dont il doit être
un efpèce de Tuteur (d).

On

(d) *Ce qui faciliteroit fort l'exercice de
cette Charge, & qui libèreroit le Prince
des importunitez des Créanciers, feroit
une* Caiffe d'amortiffement *dont le*
Confeiller *que Mfr. de* MOSER *propofe ici devroit avoir la Direction.
Mais m'objectera - t - ton, où prendre
des fonds pour cette Caiffe d'amortis-
fement dans des Finances obérées ?
La reponfe eft facile. Les dépenfes*
D 3   fu-

On en nommeroit encore un ou deux pour avoir foin de toutes les affaires courantes.

Toutes ces taches particulières, dont on chargeroit ces honnètes gens, n'empècheroient pas qu'il ne leur reſtât aſſez de tems pour des travaux qui intèreſſeroient l'Etat en génèral, pour exècuter des Commiſſions & des voyages dans le Païs, & même pour leur recréation & délaſſement.

Com-

ſuperfluës des Princes, & les Friponneries de ceux, qui diſpoſent de leurs déniers, ſont les deux grandes cauſes du mauvais état des Finances. Retranchez une partie au moins de ces dépenſes ſuperfluës, & reſſerrez les Friponneries, aprés avoir fait rendre gorge aux Fripons, & vous aurez bientôt une Caiſſe d'amortiſſement. Car il eſt de fait que dans les Cours, où le déſordre règne, les Friponneries emportent plus d'argent, que la dépenſe ordinaire & néceſſaire du Prince.

*

*   *

Comme je n'entens rien à la Guerre, je ne hazarderai aucune Confidération fur ces Confeils de Guerre, qu'on
voit chez la plûpart des Souverains.

*

*   *

Mais il ne fuffit pas de faire attention à la Capacité & aux Conoiffances
de chaque Membre d'un Confeil dans
la diftribution des affaires; il eft tout
auffi important de reflèchir fur ce qui
s'accorde avec fon inclination. Car il
eft de fait qu'aucun ouvrage n'avance
mieux que celui qu'on fait avec plaifir.
Il eft conftaté par l'expèrience que
moins il y a de Membres dans un Collège, mieux le Prince peut faire fonds
fur l'ordre qui y eft obfervé, & fur
l'utilité des fervices qu'il en retire, en
fupofant qu'il n'y ait dans ce petit
nombre de Confeillers que d'habiles
gens choifis, & que leur Chef ait l'attention d'affigner à chacun l'efpece d'

Ouvrage, dans laquelle il excelle plus particulièrement, & dont il s'occupe le plus volontiers.

*

* *

Il est de la Gloire d'un Collège d'accélerer avec zèle le progrès & la fin des affaires. Il faut que je recommence ici par le Chef. S'il est d'un tempèrament flegmatique, & que vieilli dans les affaires il s'en trouve fatigué, il laissera aller les choses comme elle voudront, & accordera, si lon veut, que deux & deux font cinq ; comme l'on voit les Enfans & les Domestiques faire tout ce qui leur plait dans ces Ménages, où des Pères & Mères décrepits ne sont plus en état de mettre le holà. Purement par cette seule raison, qu'on pourroit apuyer sur des expèriences très-fondées, je conseillerois à tout Souverain de ne plus laisser le Directoire d'un Collège entre les mains d'un homme parvenu à une Vieillesse fort avancée (e). Quil

_____

(e) *La règle est bonne, mais il n'y en a point qui ne souffre une exception. Je* co-

Qu'il le laiſſe dans le Miniſtère, qu'il le comble d'honneurs & de témoignages d'affection. Ce ſera trés - bien fait de recompenſer ſes travaux paſſez. Mais il doit & peut lui dire en bonne con-ſcience: *Jam ſatis pugnatum eſt*, (il faut ſortir de la bataille) ſupoſé que le bon homme n'ait pas aſſez de conoiſſance pour s'apercevoir de lui - même que c'eſt le meilleur parti qu'il puiſſe pren-dre.

Par la raiſon contraire on ne de-vroit pas facilement confier la Direction d'un Collège à un homme qui n'a pas encore atteint l'age de quarante ans, quelque capable, qu'il puiſſe être. Car à moins qu'il ne ſoit d'un eſprit extra-ordinairement poſé, ou qu'il n'ait été attaché lui même de trés-bonne heure au joug des affaires, & ait appris à obeïr & à uſer de ſuport, il voudra forcer ſes

D 5

Col-

conois un Miniſtre, Vieillard reſpec-table, auquel les années n'ont rien oté de ſon activité. Il travaille plus & mieux lui ſeul que ne font quatre de ces Conſeillers, qui ſont ſous ſa Direction.

Collègues, les affaires feront traitées avec précipitation & à la légère, il commencera beaucoup de chofes, & ne finira rien (f); la lenteur l'ennuye, & la meilleure tête, quand l'ennui s'en empare, commet aifément les plus lourdes bevûës.

Pour bien faire il faut obferver un jufte milieu. Il y a des Génies qui s'excitent d'eux-mêmes au travail; ils font pleins de vivacité, de zéle & de courage; d'autres veulent être perpètuellement preffez, & fentir toujours l'épèron. Les uns & les autres ont leur bon & leur mauvais côté. Ceux de la prémière efpèce travaillent beaucoup, mais leur travail eft imparfait, il y manque la dernière main; on aperçoit bien les traits d'un pinceau heureux, & d'un génie ardent, on voit le deffein de l'ouvrier, mais l'accompliffement y manque.

(f) *Ceci fouffre auffi fon exception comme l'article précedent, mais en général la règle eft fondée.*

que.   Ceux de la feconde efpèce reffemblent fouvent à ces poules, qui s'ou-
blient fur leurs œufs, & les gâtent à force de les couver.   Le Tempèrament influë beaucoup fur ces deux fortes de défauts.   Il eft facheux qu'un homme,
duquel il dépendroit de tout faire en
perfection, ne produife que de l'imparfait, foit par vivacité du fang, foit pour a-
querir la gloire d'avoir fait l'Ouvrage
promptement. Mais il y a du remède à cela, il n'y a qu'à rendre à l'Ouvrier ce qu'il
a fait, en le chargeant de retoucher fon
travail, & il le repréfentera précifément
tel qu'on le fouhaite.   Peu fe prêtent
volontiers à cette revifion; les prémières idées font toûjours chères, mais
comme nous fupofons à nòtre homme
du jugement, quand il voit qu'il faut
abfolument s'y refoudre, il repaffe encore fon ouvrage, & alors il le fait bien.

Il faut ufer quelques fois de patience & quelques fois de fevèrité envers les Ouvriers pareffeux.   Il y en a
à qui le travail coûte, qui comptent peu
fur leurs forces, qui plaignent d'autant
                                    moins

moins leurs peines, & dont les productions font d'autant meilleures. Il n'y a
là que de la patience & des exhortations
affectueuses à employer; car quand un
homme de cette forte en veut trop faire, il perd haleine, & ne peut plus avancer. Il faut le laiffer aller fon trot.
Mais pour ces Meffieurs, qui font pares-
feux par vice, qui ne fuient le travail
que pour jouïr de leurs aifes, qui prétendent gagner leurs apointemens dans
l'oifiveté, qui veulent mettre fur les
épaules des autres de péfans fardeaux,
qu'ils feroient fachez de toucher du
bout du doigt, qui cenfurent tout fans
vouloir mieux faire, qui profèrent une
quantité de plaintes, juftes en elles-mê-
mes, contre des abus, auxquels aucun
d'entre eux ne fe met en peine de remèdier, qui confument tout leur temps
en vifites, en promenades, ou en d'autres frivoles amufemens, qui s'occupent à parer & à meubler leurs maifons,
tandis que les rats ou la pouffière mangent les Actes qui concernent le Souverain, l'Etat, les Pauvres, ou des Particuliers, qui foupirent dans l'attente de
l'ad-

l'adminiſtration de la juſtice; ces Mes-
ſieurs, dis - je, doivent être forcez à
faire leur devoir, & le Préſident du
Collège doit uſer de rigueur à leur égard.
L'ecriture le dit: *Celui qui ſait la volonté
du Maitre, & ne la fait pas, doit être battu
de pluſieurs coups* (*) (g).

*　*　*

Il faut encore dire que ce n'eſt pas
le tout de travailler beaucoup, même
avec aplication. Tel eſt infatigable, qui
ne conduit rien à ſa perfection, & tel
ne travaille qu'avec une certaine aiſance,
& n'y employe que peu d'heures; mais
il choiſit celles où il ſe ſent le Cœur &
l'Eſprit diſpoſé au travail, & tout réüſſit
ſous ſa main. Ceux là ſont des Ouvriers mécaniques, ceux - ci des gens
qui travaillent de génie. Il n'eſt pas
pos-

---

* Luc. XII. 47.

(g) *Cet Article renferme un Portrait fidèle de quantité de Conſeillers. Que
de coups à donner ſelon la règle évan-
gélique!*

poſſible que d'un bout de l'année à l'autre, jour par jour, & depuis le matin
jusqu'au ſoir, les forces de l'ame ſe ſoû-
tiennent ſans ceſſe dans le même dégré,
&, pour le dire franchement, il s'en
faut de beaucoup que j'aye de ces Perſonnes, célèbres par leur aplication extraordinaire, cette opinion avantageuſe,
qu'en a ordinairement le commun des
hommes. A l'égard de cette ſorte de
travail, où il ſuffit de bien poſsèder la
Routine & le train ordinaire, & d'avoir
appris par Cœur certaines règles de
droit ſouvent aplicables, il eſt poſſible
d'être auſſi laborieux un jour que l'autre (h); mais dans des affaires d'une
plus haute ſphère, il ne ſeroit pas pos-
ſible d'y ſnffire. J'en excepte ces hommes rares, dont l'ame, s'il m'eſt permis de m'exprimer ainſi, peut - être
comparée à ces Couriers déterminez,
qui ſuportent la Courſe la plus forte

plus

(h) *Cela reſſemble aſſez au travail des*
Anes, qui vont tous les jours de la
Maiſon au Moulin, & du Moulin à
la Maiſon.

plus facilement que d'autres ne font une Promenade tant foit peu longue. Mais ces Couriers-là font bientôt ufez, & leur vigueur finit dans l'age où d'autres commencent à bien travailler, & fe fentent encore le plus de force (i).

* * *

Je crois devoir parler ici d'un autre ftratagème qui fuccède felon les cas plus ou moins à des ferviteurs pareffeux, ou de

(i) *Je ne fais fi cette comparoifon ne feroit pas fufceptible d'être un peu rectifiée. Un travail & des fatigues extraordinaires ufent fans doute le Corps. Mais les forces de l'ame aquièrent un nouveau dégré de perfection par le travail, parceque l'ame aquiert toûjours de nouvelles lumières en travaillant. Cependant eft modus in rebus, & ce que j'en dis ici eft fimplement pour empêcher que ces Confeillers pareffeux, dont il a été parlé cy-deffus n'expliquent pas nôtre Texte en faveur de leur pareffe.*

de tête foible. Tel eſt trés - habile, qui n'en hait pas moins le travail. Son Honneur & ſes aiſes lui tiennent également à cœur. Quand il y a ſur le tapis de grandes & importantes affaires, il n'aime pas d'en être exclus, ni qu'un autre remporte la gloire, & quelques fois les recompenſes attachées à leur expédition, & cependant il ne veut pas travailler davantage, ni même autant qu'un autre. Pour concilier ces contrarietez il ſe charge de tout ouvrage de longue haleine; quand on entre dans ſon Cabinet on eſt effrayé des tas d'Actes qu'on y trouve ſous les Rubriques les plus importantes. L'interroge - t - on au bout d'un tems raiſonnable ſur les progrés de ſon travail, il a la reponſe toute prête: *Cela*, dit - il, *ne ſe ſecoue pas de la manche, il faut tout lire, & cela exige du tems.* Veut - on lui donner quelque petit ouvrage intermédiat, il a dabord pour excuſe que cela le détourneroit de ſon travail principal, plus important, & qu'il prie par cette raiſon qu'on veuille le diſpenſer du prémier.

Et

Et quoi qu'on lui accorde cette difpenfation, fidèle à fa pareffe, il n'en travaille pas plus pour cela, & allègue d'un mois à l'autre, d'une année à l'autre, à fon Collège toutes les excufes dont il peut s'avifer, jusques à ce qu' enfin on lui ôte les Actes. Il prend de là un bon prétexte de ne rien montrer de tout ce qu'il pourroit avoir fait jusques-là, parce, dit-il, *qu'il ne veut pas avoir préparé les voyes, pour qu'un autre ait la gloire du Succès.* Ne le difpenfe-t-on pas, il a pour excufe éternelle qu'on le furcharge de tant de hors-d'oeuvres, qu'il ne lui eft pas poffible d'avancer dans fon ouvrage principal. Gens, qui affectent la gloire d'Ouvriers laborieux, qui veulent perfuader que la moitié du fardeau du Gouvernement repofe uniquement fur leurs épaules, & le font accroire aux fimples, mais qui dans le fonds gagnent leurs apointemens fans rien faire, & font comptables à Dieu & aux hommes de leur puniffable oifiveté (k).

L'au-

(k) *Dans un Collège bien ordonné ces ex-*

L'autre espèce de gens dont il faut faire mention ici, ce sont ces Esprits foibles, à qui tout ouvrage coûte infiniment, & qui cependant veulent être regardez comme laborieux & nécessaires. Ces gens-là ne sont pas oisifs, (il vaudroit quelques fois mieux qu'ils le fussent (1), ils travaillent, mais ils veulent qu'on le sache, & qu'on soit informé des peines qu'il leur en coûte. Ils se confinent dans

cuses pourront réüssir une fois, ou deux tout au plus. Si le cas arrive plus souvent, c'est le Président qui a tort, parcequ'il connive au Conseiller paresseux & incapable, qui, dés-qu'il fait métier de pareils stratagèmes, doit être chassé sans remission, pour être remplacé par un Serviteur laborieux & utile.

(1) *Quand un homme est mauvais ouvrier, il a beau travailler, son Ouvrage produit toûjours plus de mal que de bien, ne fut-ce que le tems que l'on perd en attendant sa Production.*

dans leurs Cabinets, dont ils ferment tous les verroux, ils défendent fevèrement à leurs domeſtiques de leur annoncer qui que çe ſoit, ils font dire au Collège qu'à cauſe de l'Ouvrage qu'on ſait ils ne peuvent peuvent pas aſſiſter à la ſeſſion, ils prennent leurs repas & ſe couchent une heure plus tard que d'autres gens, quoiqu'ils ſe lèvent une heure plus matin, ils reçoivent ſur leur aſſiduité au travail les Complimens de leur Epouſe, Enfans, Couſins, Couſines &c., le Medecin de la maiſon les menace du mal hipocondriaque, l'huiſſier du Collège prone dans tous les coins de la Reſidence l'aplication exceſſive de ces Meſſieurs, & à quoi eſt-ce que tout cela aboutit? Ce Conſeiller ſi laborieux accouche enfin d'une Production peſante, ampoullée, guindée, & fatigante, dont le Style trahit à chaque ſyllabe la peine que l'Auteur a euë en l'enfantant (m). Si par hazard & par

bon-

____

(m) *Cet homme eſt déplaçé ſur ſon ſiège de Conſeiller. Faites en un Copiſte.*

Un

bonheur pour cet homme son Maître, ou son Chef, ne jugent pas d'un Ouvrage par son prix intérieur & sa valeur réelle, mais qu'ils l'estiment par le temps qu'on y a mis, & les grimaces de celui dont il vient, ce dernier passera, sans l'avoir mérité, pour un homme d'un jugement profond, d'une grande pénètration, qui pése bien toutes choses, tandis qu'on accusera son Collègue, qui a des lumières supèrieures, & conçoit promptement & avec justesse le fonds des choses, de précipitation, parce qu'il pénètre, dévelope, & imagine plus dans une heure de tems, que l'autre ame lente avec sa Logique empéfée ne peut penser dans tout le cours de sa vie. (*)

Le

Un Copiste laborieux est un Meuble utile, & jamais les affaires ne souffrent des feuilles de papier qu'il gâte, lorsque cela lui arrive.

(*) Il est des gens de tout état, qui jugent d'une operation par le travail qu'elle coute; d'un homme en place

Le secrèt, & la rigueur dont on doit user pour le faire observer, forment un point trop important pour n'en pas dire encore un mot. Il y a des Cours déréglées à un point, qu'on ne peut s'y promettre absolument le se-crèt sur quoi que ce soit. L'Huissier du Conseil Privé a sa Clef pour la Cassette des Actes, aussi bien que le Ministre, & ose annoncer à ce dernier. avant qu'il ouvre la Cassette, ce qu'il y trouvera de nouveau. Peut-etre même a-t-il déjà montré ce qu'il y a à d'autres gens, & confié aux Parties le sentiment des Collèges, & quelle sera vraisembla-

E 3

ble-

---

place par sa gravité, & de l'occupation qu'on a par celle qu'on affiche; pour qui tout est immense, parce que tout chez eux est petit & borné; & qui, voyant les objets doubles, s'imaginent, qu'on les voit mal, lorsqu'on les simplifie. Mem. Secr. de *Bolingbroke* T. I. p. 20.

Alleg. de l'Aut.

blement la décision du Souverain. On
apprend à un prix raisonnable les par-
ticularitez les plus secrètes de la Maison.
Qu'un honnète - homme dise un mot
au Prince à l'oreille, ou qu'il le lui écri-
ve, l'instant d'après les huissiers en sont
informez, & quelquefois les femmes
de chambre, & les Laquais. Tout est
trahi, vendu, ou tout au moins babillé.

Il y a d'autres Cours, où l'on pous-
se l'article du secrèt jusques à se rendre ridicule. Ici, sur un point déjà devenu public par les gazettes, un homme en interrogera un autre, qui lui ré-
pondra tout épouvanté: *Comment, Monsieur, voulez-vous me rendre malheureux?*

Tout cela est excés. Chacun sait
sans autre explication ce que c'est que
de garder le secrèt, à prendre la chose
dans un sens raisonnable, & conforme
à ce qu'exige le serment de fidèlité (n),
que

(n) *Le serment de fidèlité dégénère aujourdhui en une pure Cérémonie. Ce
n'est pas ce serment, c'est la probité &
l'attachement du Serviteur pour son
Maître*

que chaque ferviteur prête. Il faut embraffer les remèdes les plus prochains & les plus efficaces pour empêcher que ce fecrèt ne foit violé, ce qui fe reduit à mon avis au petit nombre des règles que je vais indiquer.

La prémière, eft qu'un Prince n'entretienne pas un trop grand nombre de Serviteurs, & qu'il fe contente de ne compofer chaque Département que de ceux qui y font indifpenfablement néceffaires. Mais ceux - ci doivent être des

Maître qui met le Secrèt du Prince en fûreté. On a vû tel Département tout compofé de Voleurs depuis le Chef jusques au dernier des Subalternes, qui avoient tous prêté le ferment de fidelité. On a vû mettre à la tête du même Departément un Chef, qu'on ne fit point jurer, & jamais ce département ne fut plus fidèlement adminiftré. Celui qui ne craint pas de voler, ne craint pas non plus de mériter les noms de Parjure & de Traitre, pourvû qu'il puiffe couvrir fon jeu.

des gens choisis, habiles, & d'une fidèlité éprouvée (o).   La foule de su-
bal-

(o) *Rien n'est plus sage que ce Conseil,
mais rien de plus difficile dans la Pratique, même aux Princes qui vou-
droient le suivre. Etre habile & fidèle,
forme dans nôtre siècle gâté presqu'un
titre pour être exclus des Emplois, dès-
que ceux qui sont au timon n'ont pas
des intentions droites. Les vertus
alors deviennent des vices & les vices des vertus, parceque ceux qui ont
le pouvoir en main, en les suposant
corrompus, ne peuvent pas se flatter
qu'un homme vertueux se prêtera à
leur coupable manège, ou qu'il dissimu-
lera leurs infidélitez. Ils ne peuvent
l'éloigner qu'en le calomniant, & c'est
le parti qu'ils prennent.   Or le Prince
choisira-t-il pour les Emplois des gens
qu'on décrie perpètuellement auprès de
lui ?   Au pis-aller si le Souverain est
convaincu qu'un sujèt est vertueux &
fidèle, on supose à ce sujèt des vices qui
en dégoutent le Maitre.   C'est un en-
tété*

balternes, à la Chancellerie comme au Cabinet, supose toûjours des indiscrèts.

Que ces serviteurs choisis ayent de bons apointemens, payez avec exactitude, afin que la nécessité n'en induise aucun à la tentation d'être infidèle (p).

Qu'on

têté, dit-on, un opiniâtre qui veut tout régler absolument à sa fantaisie, &c.

(p) Je crois encore ici que la Probité fait tout. Quels que soient les apointemens, grands ou petits, l'honnète-homme resiste toûjours à la tentation d'être infidèle. J'aprouve que l'on donne au Serviteur honnète-hommes largement dequoi vivre, mais je soutiens seulement que quand il n'est pas honnète-homme, les apointemens les plus riches ne le rendront pas tel, & que les apointements les plus chétifs d'un autre côté ne feront commettre aucune infidèlité à celui qui est foncièrement fidèle. Le dernier prefère toujours son Devoir à l'Interêt, le premier son Interêt au Devoir, & l'Interêt ne connoit point de bornes.

E 5

Quand

Qu'on choisisse avec une attention particulière pour l'Expèdition, & pour la garde des Depêches secrètes & des actes, qui y sont relatifs, des Gens qu'on ait déjà mis à l'épreuve avec succés dans d'autres occasions.

Qu'à ce sujèt les Supèrieurs veillent avec exactitude à tout, & ayent des gens exprès, qui leur rendent compte des démarches & des discours des subalternes de la Chancellerie, particulièrement de ceux qui sont commis à chaque Bureau (q).

Qu'enfin on punisse exemplairement tous ceux qu'on pourra convaincre d'une infidèlité delibèrée de cette espè-

Quand les Apointemens de l'honnète-homme ne suffisent pas à sa subsistence, il cherche du service ailleurs.

(q) *Cela est d'autant plus nécessaire que trés-souvent ce sont les Subalternes qui commettent les trahisons, & qu'ils sont payez pour cela par ceux, qui ont interêt de savoir ce qui se passe.*

eſpèce, & que ſans acception de perſonne, ou miſéricorde quelconque, la
Caſſation, ou quelque autre punition
infamante ſoit le prix de l'infidèlité (r).

*   *
*

La Déſunion dans les Collèges, ou
même entre les Collèges, peut rendre
la vie trés-amére à un Chef, qui a de
bonnes intentions, & il naît de là des
Confuſions, & de grands obſtacles au
cours des affaires.

Il y a des Factions & des Partiali-
tez dans toutes les Cours ſans exception (s). Je n'excepte pas même celles

(r) *Une ou deux Langues arrachées à des
Traitres convaincus de leur crime feroient un effèt merveilleux pour un
demi-ſiècle.*

(s) *Cela eſt vrai & dénote qu'il y a différens chemins pour excroquer les graces du Prince. Mr. X, Madame Y,
Mr. Z, ou tel autre Favori ou Favo-
vite*

les qu'on peut regarder comme les mieux réglées. Tant que ces Factions ne produifent que des effèts perfonnels on peut les confidérer comme on regarde autre part le malheur de manquer de bonne eau, d'avoir difette de bois, d'être obligé de marcher fur un mauvais pavé, & chofes pareilles; il faut fu-

rite que ce foit, fe mêlent de ceci, de cela, l'un eft jaloux de l'autre, & de là viennent ces Tripotages dont le plus grand Préjudice retombe ordinairement fur le Maître. Un bon moyen pour prévenir les mauvais effèts de cet abus, c'eft que le Souverain foit le Maître & le feul Maître chez-lui, de forte qu'on n'y conoiffe d'autre volonté que la fienne, & qu'il foit défendu à tous ces X, Y, & Z de s'ingèrer dans ce qui concerne la diftribution des graces, ou la décifion des affaires, qu'autant que leur Emploi les y apelle néceffairement. Rien ne couperoit mieux racine aux intrigues, parceque chacun s'occuperoit uniquement du foin de plaire au Prince & de marcher droit.

ſuporter cela avec patience. Mais quand
cet inconvénient influë ſur les affaires
mêmes, c'eſt une contagion, qui tient
de la peſte, un mal, dont il faut arracher les dernières racines.

Il me ſemble que ſans donner dans
des rêveries, ou dans des idées platoni-
ques, on pourroit adopter les maximes
ſuivantes, qui ſont naturelles. Elles ar-
rêteroient au moins les éclats extèrieurs,
& remèdieroient au préjudice qui en
peut reſulter pour le Gouvernement.

I. Le Prince doit s'apliquer à bien
conoître ſes Serviteurs, & à ſe faire une
idée juſte de leur merite & de leurs bonnes qualitez, comme de leurs défauts,
afin de pouvoir dans les cas particuliers
juger d'autant plus ſûrement s'ils ont
pêché par foibleſſe, ou s'ils l'ont fait
par malice & par infidélité.

II. Il faut établir une ſubordination
exaête dans les Collèges, la maintenir
inviolablement, & ſoûtenir efficacément
l'autorité des Chefs.

III.

III. Pour remèdier aux Calomnies, aux dénonciations fecrètes (*), aux raports, &c. le Prince doit, fur tout dans les chofes où il fe trouve mêlé perfonellement, fe donner la peine d'écouter lui-même les Raporteurs, de leur parler, & de les redreffer avec Sevérité ou de les traiter avec bonté felon la nature du cas. Le Maître & les Serviteurs gagnent à cela. Car fi le Raporteur a raifon, le Prince aprend la vérité par cette voye, & peut remèdier à des griefs fon-

(*) Un des plus grands Maux de ce Royaume confifte en ce qu'un chacun s'attache plus aux chofes à quoi il ne peut s'occuper fans faute, qu'à ce qu'il ne peut obmettre fans crime. --- Un Soldat parle de ce que fon Capitaine devroit faire; le Capitaine des Défauts qu'il s'imagine qu'a fon Meftre de Camp, un Meftre de Camp trouve à redire en fon Général; le Général improuve & blâme la Conduite de la Cour, & nul d'entr'eux n'eft dans fa Charge, & ne penfe a s'acquiter des chofes à quoi elle l'oblige particuliérement. Teftam. polit. *du Cardinal Richelieu* T. II. p. 257. Alleg. de l'Auteur.

fondez. Et fi le Raporteur fe trouve avoir tort, il fe gardera d'y revenir, & pourchaffera la paix, afin de n'être pas chaffé de fon Emploi (t). Mais je fupofe ici un Prince qui ufe encore de fes propres yeux & de fes propres oreilles. Car s'il ne voit ni n'entend que par les yeux & par les oreilles d'autrui, & qu'il ait affermé fon autorité, il n'eft pas à préfumer qu'il veuille fe donner le foin de faire de pareils examens lui-même (u).

IV. Des Ordres précis, & des Arrangemens pris une fois après de mûres re-

(t) *Le remède le plus court & le plus efficace feroit d'obliger tout Raporteur ou Délateur à fournir des preuves inconteftables de ce qu'il avance, ou de le confronter felon les cas avec l'Accufé, & de châtier fur le champ celui des deux qui eft dans le tort.*

(u) *Tant pis pour l'Etat, & tant pis pour le Prince même. L'un & l'autre fouffrent d'une indolence fi peu excufable.*

reflexions doivent être maintenus avec rigueur, & il eſt eſſentiel de ne pas ſouffrir qu'ils ſoient mépriſez ou épiloguez impunément par qui que ce ſoit.

V. Il faut tenir la main avec fermeté à ce qu'aucun ne s'ingère dans les affaires qui ne le concernent en rien (x), ainſi qu'ont coûtume d'en uſer les Chaſſeurs, les Militaires, les Pères Confeſſeurs, les Médecins du Corps, les Valets de Chambre, & les inſectes du Cabinet.

Les

(x) *Je crois que ce paſſage exige un petit éclairciſſement. Nous croions, comme Mr. de* MOSER, *qu'on a vû dans plus d'une Cour des Chaſſeurs, des Militaires, des Pères Confeſſeurs, des Medecins du Corps, des Valèts de Chambre, des Inſectes du Cabinet, en un mot des gens de toute eſpèce, qui ont l'occaſion d'aprocher la Perſonne du Souverain, ſe méler mal-à-propos de choſes qui ne les concernent en rien, que le plus ſouvent même ils n'entendent pas, & faire par là beaucoup de mal.*

Jus-

Les Cours même déterminent en tout ceci une différence notable. Il est plus facile d'entretenir cette Harmonie extérieure aux grandes Cours, où un Clin

Jusques là nous adhérons entièrement au sentiment de Mr. de MOSER. *Mais nous croions aussi qu'il y a des cas où tout bon serviteur, & tout bon sujèt en général, est non seulement en droit, mais, qui plus est, obligé en conscience, de se mêler de certaines affaires, quoi qu'elles ne le concernent ni personnellement, ni par raport à son Emploi. Telles sont toutes celles, qui intéressent la gloire du Prince, quand on le trompe, ou le Bien public, qu'on veut lézer. Tout attentat contre un de ces deux objèts est l'affaire de chacun. Un Mineur, une Veuve, des Mineurs, des Pauvres, qu'un Pouvoir injuste opprime, sont en droit d'implorer le secours de tout homme, qui est en état de faire parvenir la vérité jusques au Maitre, & personne dans ce cas n'est en droit de les refuser.*

Clin d'Oeil du Maître, ou un mot du Miniſtre, ſont ſuivis dans l'inſtant d'une exacte obeïſſance.

Mais dans les petites Cours, où tout eſt ramaſſé, pour ainſi dire, ſous le même toit, où tous ceux, qui les compoſent, ſe conoiſſent de trop prés, où fort ſouvent les ſupèrieurs & les ſubalternes vivent enſemble comme Frères & Compagnons, la choſe eſt ſujette à de beaucoup plus grands inconvéniens. Car ou ils vivent unis, & paſſent leur tems à banqueter & à boire, ou ils vivent enſemble comme chien & chat, & mangent leurs apointemens en procédures les uns contre les autres.

*   *

*

Autrefois c'étoit la mode que les Souverains aſſiſtoient eux-mêmes aux ſeſſions de leurs Collèges, & il n'y a que quelques années que quelques uns d'entre eux ont ceſſé de faire cet honneur-là, même au Conſeil Privé. Ce n'eſt

pas

pas là, c'eſt ſur la place de Parade (*) qu'il faut à préſent chercher les Princes, aux heures auxquelles les Conſeils ſont aſſemblez; cependant quelques Souverains, pour marquer qu'ils gouvernent eux - memes, ont fixé certains jours d'Audience, auxquels il eſt permis à chacun ſans exception de les aprocher, & de propoſer ce qu'il a à dire. Il eſt écouté, & cette méthode n'eſt pas abſolument à rejetter (y): Elle excite l'amour

(*) On apelle en Allemagne *la Place de Parade* une eſpèce d'Eſplanade où l'on monte la garde, & fait faire l'exercice aux Troupes.

(y) *Sans doute que cette méthode a ſon utilité, mais il y a des précautions à prendre pour que le Pais en retire effectivement l'avantage, qui en doit naturellement reſulter. En obſervant la règle que ſe preſcrit l'Empereur Conſtantin dans l'allegation que nous allons voir, de conoître ſoi-même de la choſe, la méthode eſt ſûre. Mais ſi le Prince ſe contente de recevoir les*

Re-

mour & la confiance des fujèts, charmez de pouvoir dépofer avant toutes
cho-

Requêtes & de les remettre, fans les
lire, à tel ou tel, qui eft lui - même
l' Auteur ou l' Arc-boutant de l'injuftice ou de l'oppreffion, qui fait l'objèt
de la plainte, bien loin que le fupliant
puiffe fe promettre de fa démarche
quelque remède à fes maux, il n'en
fera que plus mal, parceque par fa
plainte il n'aura fait qu'aigrir fes
Oppreffeurs. L'on fait d'ailleurs que
les fujèts font faciles à intimider, &
qu'il eft aifé de leur fermer la bouche
par la crainte ou par l'efpèrance, deux
motifs qu'un Serviteur infidèle fait
d'ordinaire admirablement manier &
mettre en oeuvre pour parvenir à fes
fins. Un Prince qui veut découvrir
les torts de fes Miniftres doit abfolument écouter, lire, & examiner lui-
même, ou, fi cela lui coute trop, il
doit fe ménager des gens capables &
défintéreffez, qui n'ayent aucune connexion avec ceux qui dirigent les mau-
vaifes

chofes leurs foucis dans le fein du Souverain (*); elle rend les Miniftres, les
F 3   Col-

vaifes manoeuvres, qui lui foient per-
fonnellement affectionnez, & qui auffi
determinez ennemis de la fraude &
de l' infidèlite, qu'Amis fincères du
Prince & de la vérité, ayent liberté
entière de la dire fans avoir de mau-
vaifes fuites à craindre.   Voyez ce
qu' on a dit dans les Tomes précèdens
d' un Confeil fupréme de Haute &
de Baffe Police.

(*) Si quis eft, dit l'Empereur *Conftantin*,
qui fe in quemcunque judicum , comi-
tum, amicorum vel palatinorum meo-
rum aliquid veraciter probare poffe con-
tendit, quod non integre atque jufte
geffiffe videatur; intrepidus & fecurus
accedat; ipfe audiam omnia, ipfe cogno-
fcam, & fi fuerit comprobatum, ipfe me
vindicabo de eo, qui me usque ad hoc
tempus fimulata integritate deceperit:
illum autem, qui hoc prodiderit & com-
probaverit, & dignitatibus & rebus au-
gebo.   Ita mihi fumma divinitas propitia fit. *Cod. Theod. S'il y a quelqu'un,*
(*dit*

Collèges, & les Officiers civils, qui leur
font fubordonnez, attentifs, & leur in-
fpire une crainte fondée : mais il faut en
même tems que le Prince foit en effèt
par les qualitez de l'efprit & du coeur
tel qu'il doit être, fans quoi le remède
eft pire que le mal, & le Souverain,
s'il manque de lumières, y risque fa
gloire, & fe fait conoître dans le Païs
par des côtez, qu'il auroit peut être mieux
valu pour lui de tenir cachez : fi dans
ces jours d'Audience le Prince n'a pas
les

*(dit l'Empereur Conftantin) qui puiffe
prouver avec vérité, que quelqu'un de mes
Juges, de mes Comtes, de mes Amis, ou
de mes Palatins, n'ait pas procèdé, avec intègrité & avec juftice : qu'il vienne à moi
fans crainte, & avec intrépidité, j'écouterai
tout, je connoîtrai moi - même de la chofe,
& fi la preuve eft fondée, je me vengerai
moi - même de celui, qui m'aura trompé
jusques ici avec une fincèrité feinte. Et
je comblerai de biens & de dignités celui qui m'aura découvert & prouvé la
chofe. Ainfi la divinité fuprème me foit
en aide.*

Alleg. de l'Auteur.

lés intentions les plus pures, cette méthode ouvre la porte à la Calomnie (z)
& à la Tirannie, elle favorife la malice,
elle détruit la fubordination fi néceffaire,
elle affoiblit l'autorité des Collèges, ce
qui eft d'une fuite certainement tout
auffi pernicieufe pour le Prince, qu'il
eft préjudiciable à un mari de prêter
l'oreille aux raports qu'on lui fait fur le
compte de fa femme. Si la chofe eft
vraie, foit qu'il la garde ou qu'il la chaf-
fe, fon honneur en fouffre toûjours.
Dailleurs dans toutes les Cours-mêmes,
où ces jours d'Audience font en ufage,
il eft conftaté par l'expèrience qu'on en
impofe aux Princes les plus clairvoyans,
qui, en ufant de toutes les précautions poffibles, ne laiffent pas d'être trompez. Et au
bout du compte, le corps des fujèts n'y

F 4   trou-

(z) *Celui qui eft convaincu d'avoir accufé à tort un Miniftre, ou même tout
autre ferviteur fidèle, doit être puni ir-
remiffiblement d'une peine corporelle
infamante, parcequ'il eft tout auffi important au Prince de conferver en honneur des ferviteurs fidèles, que d'être
éclairé fur les manoeuvres des infidèles.*

trouve pas un grand foulagement. Il
eſt vrai que le Souverain peut parvenir
par là : à découvrir quelque obliquité,
fourvoiëment ou friponnerie particulière de l'un ou de l'autre ſerviteur ſubalterne, qui ne marche pas droit ; mais
ſi le ſiſtème dans ſon Tout n'eſt pas bon,
ſi les Miniſtres ne ſont pas tels qu'ils doivent être, les jours d'Audience ne re-
mèdieront pas aux abus.   Un mauvais
Miniſtre ne fait que varier les méthodes,
& un honnète homme n'eſt pas dans le
goût de ſe prêter à ces eſpè-
ces d'épreuves.

DES APOINTEMENS.

Il faut que l'officier jouïsse de ses apointemens, & l'homme de mérite de ses Recompenses.

Lettres du Comte de TESSIN, Lettre XXXI. Edit. de *Londres*, p. 331.

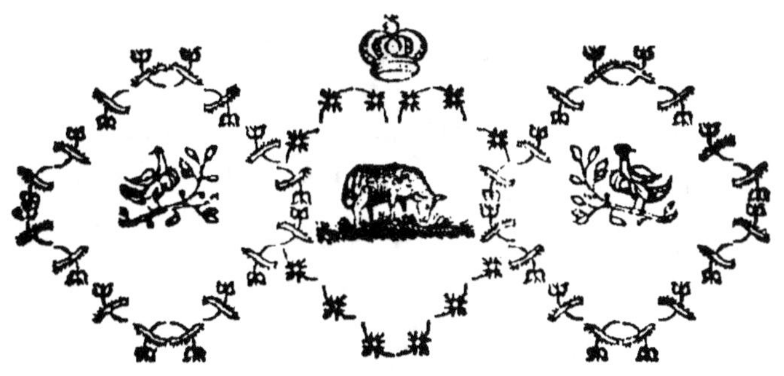

APOINTEMENS.

L'article des *Apointemens* mérite d'être examiné en particulier, parce qu'il influë essentiellement sur le bonheur d'un Gouvernement. Le prémier axiome est: Ce que le serviteur reçoit de trop opère un moins dans la Caisse du Maître, & s'il survient un cas de nécessité ils n'ont rien ni l'un ni l'autre. Mais il n'en est pas moins honteux & inexcusable qu'un Prince, qui a assez, & même abondance de toutes choses, veuille commencer à faire des épargnes par des
re-

retranchemens fur les apointemens de fes ferviteurs. Car il a befoin de leur fervice, ou il peut s'en paffer. Dans le dernier cas il doit congèdier ceux qui lui font inutiles, & favorifer ceux qui lui font néceffaires, en leur accordant des apointemens d'autant meilleurs, & en les faifant payer régulièrement ; & s'il n'a de ferviteurs que précifément ceux qu'il lui faut, il eft ignominieux que ces ferviteurs fe trouvent dans le cas de ne pouvoir avec leurs apointemens fe garantir qu'à peine de la faim (a).

Il

(a) *Il n'y a guères de Cours où le nombre des ferviteurs inutiles ne foit exceffif. C'eft là la grande raifon de la modicité des apointemens, parceque les fommes deftinées à cet objèt font partagées en trop de portions, dont fouvent les ferviteurs le plus cordialement attachez au Maître n'obtiennent qu'à grand-peine dequoi fubvenir aux befoins les plus preffans de la vie, pendant que le Miniftre, la Maitreffe, le Favori, ou les Employez au Ca-*

Il en est des Emplois civils comme de l'Etat militaire. Un Corps bien payé & bien entretenu fera toûjours de plus grandes prouësses, qu'une armée nombreuse mal nourrie & vêtuë comme la Lune dans son déclin. J'entendis faire il n'y a pas long-tems à un galant-homme dans un accès de zèle patriotiqne cette remarque: *Le Soldat Prussien mange trois fois plus qu'un autre, mais aussi se bat-il trois fois mieux.*

Et

Cabinet nagent dans l'abondance, soit par des revenus fixes, soit par d'autres avantages qu'ils savent se procurer sous-main aux dépens du Souverain & des supliams. Nous sommes dans le cas de renvoyer encore ici le Lecteur à ce que nous avons proposé touchant le Conseil suprème de Haute & de Basse Police, qui peut le mieux examiner & déterminer la quantité & la qualité des apointemens des serviteurs, selon les services qu'ils peuvent rendre au Prince, & l'utilité qu'il en tire.

Et certainement, s'il eſt vrai que l'état de l'eſtomac du Soldat influe autant que le courage ſur la valeur, avec laquelle il combat, l'on peut tirer avec tout autant de certitude d'un Gouvernement lache & engourdi (b), la conclu-

(b) *Un Gouvernement n'eſt jamais lache & engourdi quand le Prince veut bien s'apliquer lui même à examiner les choſes, & ne ſe pas raporter aveuglément à d'autres de ce qu'il lui importe de ſavoir avec certitude. Je prendrai à cette occaſion la Liberté de recommander aux Souverains la Lecture de l'Extrait ſuivant d'une Lettre écrite par le Chancelier* Oxenſtierna, *ou, ſelon d'autres, par le Senateur* Benoit Skytte *à la Reine* CHRISTINE *de Suede.*

Très - puiſſante & très - gracieuſe Reine,

Votre Majeſté ſe ſouviendra bien de la maxime commùne, qui dit que *les hommes*

clufion fuivante, c'eft que les Serviteurs
font furchargez de travail comme des
che-

mes ne font pas nés pour eux-mêmes,
mais pour le bien de la patrie. Cette
maxime, qui mérite la réfléxion d'un
chacun pour la mettre en pratique, regarde d'autant plus les Souverains &
ceux qui gouvernent, que c'eft par
eux que toutes fortes de bonheur &
de bénédiction du Ciel fe répandent
fur les Sujèts, quand l'Etat eft gouver-
né dans la crainte de Dieu, avec un
accord, un amour & une union réci-
proques, felon les Loix & les Ordo-
nances du Païs. Au contraire, quand
cela fe trouve négligé par divers motifs, tant de la part de ceux qui gouvernent, que de celle des Sujèts: de
la part des prémiers: quand par la
foibleffe humaine il ne leur eft pas
poffible d'apprendre toutes chofes par
eux-mêmes, ni de les examiner feuls
de fi prés, ni d'y apporter du reméde;
& de la part des Serviteurs & des Sujèts dans l'un & dans l'autre Etat,
quand l'ambition de parvenir aux plus
hautes dignitez, la paffion d'aquerir plus
de

chevaux, & nourris de chardons comme des anes (c).

A la vèrité il n'y a point d'apointemens dont on puiffe dire dans un fens abfolu qu'ils font trop gros ou trop petits.

Cèla

de biens & d'autorité, l'envie & la jaloufie, l'injuftice, & pareils vices prennent le deffus dans l'Etat Ecclèfiaftique & dans le Séculier: alors tout cela eft ordinairement fuivi de la malédiction de Dieu, qui caufe du malheur au Souverain & aux Sujèts, comme dit *Salomon, que les forfaits du Peuple produifent les révolutions dans les Etas.* Voyez Memoires concernant Chriftine Reine de Suède, To. I. p. 168.

Il eft incertain fi cette Lettre a été écrite par le Chancelier Oxenftierna, ou par le Senateur Benoit Skytte.

(c) *Monfieur de* MOSER *me permettra bien de dire ici qu'il y a par-ci là à la Cour comme à la Chancellerie des anes qu'on nourrit mieux qu' avec des chardons.*

Cela dépend du plus ou moins de cherté des choses néceſſaires, de la façon de vivre plus ou moins coûteuſe établie dans une ville, de la dépenſe à faire en habits & équipages, & d'autres circonſtances acceſſoires. On donne à * * à un Miniſtre 12000. fl. & quand l'année eſt finie il n'y a rien de reſte, & même pluſieurs ne nouent pas les deux bouts de l'année avec cette ſomme, & font des dettes. Une Table ſplendide, la Cherté du lieu, de ſomptueux équipages, de fréquens régals, les Gala, le jeu, &c. ſont autant d'objèts qui ne permettent guères de penſer à faire des épargnes. A ** un Miniſtre n'a que 4000 fl. mais il va à pié tant qu'il veut, il ne donne à manger à qui que ce ſoit d'un bout de l'année à l'autre, un habit, fait lors du Couronnement de CHARLES VII., lui ſert encore dans des occaſions de parade, il ne joue avec perſonne qu' avec ſes chers petits - enfans, & avec cela il vit plus content, travaille davantage & a plus, ou au moins tout autant, de reſte, que l'Excellence

ce qui ne fort qu'en Caroffe à fix chevaux (d).

La méfure à garder en général c'eft
que les Apointemens doivent être fuffifans

(d) *Il y a des occafions où le luxe & la profufion font néceffaires, & où la décence même prefcrit de ne riené par-gner. Mais dans le Cours ordinaire ce n'eft affûrément pas par le luxe & la profufion du ferviteur que fe font les affaires du Maître. Bien loin de là le Prince qui donne dans ce faux goût fait juger de lui fimplement qu'il eft vain & que fon Efprit eft peu jufte, puis qu'il eft plus fenfible à l'admiration que la dorure de fes fer-viteurs excite chez les fots, qu'à l'ap-probation des gens fenfez. Ici un bi-jou à la mode, un équipage lefte & dans le dernier goût, fait un objèt d'attention plus ferieux que toutes les affaires de l'Etat, dont on abandon-ne en attendant la conduite à des fub-alternes auffi intereffez & infidèles, que les Chefs & le Maître font vains & voluptueux. Quel travers!*

fifans pour qu'un honnète - homme, qui a de la capacité, puiffe non feulement en vivre commodément & avec la décence que fa Charge & fon mérite exigent, mais auffi en épargner une partie par un économie réglée pour l'avantage des fiens après fa mort.

C'eft ce qu'une jufte gratitude exige de la part du Maitre. Un Coeur qui penfe noblement s'en fait un devoir & quant à un Maître ingrat, il ne mérite d'être fervi que comme fert un Mercénaire.

Un Prince, qui par lui même n'eft pas fufceptible de mouvemens élevez & génèreux devroit au moins s'y prêter par confidération pour fon propre intèrêt (e). *A pauvre falaire, fervice chétif;* c'eft

G 2

à

(e) *Mfr. de* MOSER *a raifon, & tel Prince auroit naturellement ces mouvemens élèvez & génèreux, qui le porteroient à répandre fes bienfaits fur des ferviteurs affectionnez & vertueux. Le mal eft que de laches ferviteurs, quand il en eft environné,*

qui

à dire que la plûpart fervent comme ils font payez.

C'eſt une propoſition que l'expèrience conſtate le mieux. Supoſons deux Souverainetez limitrophes, également partagées en étenduë de païs, nombre de ſujèts, & puiſſance. Conſidérons ces deux Etats au bout d'un ſiècle ou de quelques années de plus. Vous verrez l'un briller d'une véritable Grandeur aquiſe, reſpecté, & en autorité dans l'Empire & dans le Senat des Nations, accrû en richeſſes, en païs, en puiſſance, conſtant & heureux, par un ſiſtème ſuivi, dont on a tout ſujèt d'eſpèrer qu'il ſera durable, & qui préſente les points de vuë les plus gracieux pour l'avenir. Vous verrez l'autre Etat, qui n'eſt jamais ſorti de ſa médiocrité.

Il

qui veulent tout pour eux, l'empêchent de placer ſes bienfaits à propos & là où il convient. Le mérite dans l'indigence, & le ſerviteur vicieux dans l'opulence forment deux reproches vivans pour le Prince.

'Il a de grandes efpèrances' & des efpèrances prochaines , des prétenfions fon-
dées, & pourroit fe faire valoir autant
que l'autre.   Mais une Léthargie éternelle a étouffé les avis les mieux apuyez.
Le Règne du fils paffe ainfi que celui
du Père comme un rêve, les mouvemens que l'on s'y donne pour s'élèver,
reffemblent à ceux d'une perfonne af-
foupie, il n'y a ni vigueur, ni fuite fou-
tenuë, cela ne préfente qu'une politique
languiffante, 'un Gouvernement corrompu, une Cour méprifée.   En re-
montant aux caufes fondamentales d'u-
ne différence fi marquée on trouvera
que le premier Etat fortuné a de tems
immémorial eû conftamment de grands
hommes au timon des affaires, avec lesquels le Prince a toûjours vécû comme on vit avec des amis intimes & af-
fidez; Le Souverain avoit pour maxime
de recompenfer de fidèles fetvices lors
même que leur fuccès étoit malheureux, & ne mettoit point de bornes à
fa générofité lorsque le fuccès étoit heureux.   Il ne craignoit aucune dépenfe
pour découvrir des gens capables, &
pour fe les aquerir en les détachant du

                    fer-

fervice de quelque Maître ingrat. Il plaçoit de bonne heure des Génies heureux dans les affaires, & le Fils trouvoit une pépinière de dignes ferviteurs que le Père lui avoit préparé. Les apointemens des Chefs de Collège étoient riches, & ceux des autres ferviteurs plus que fuffifans pour tous leurs befoins. Ce Prince adouciffoit à fes Miniftres le poids du travail par mille témoignages gracieux de fon attention & de fes foins pour leur fanté & pour leur confervation, il defcendoit dans de petits détails pour ne les laiffer manquer de rien de ce qui pouvoit les encourager & pour entremêler leur travail de plaifirs. Il les raffûroit contre les foucis que pouvoient leur caufer une Veuve & des Enfans après leur mort, en fe chargeant du foin de la Famille après le décès du Chef, & devenoit le Père des Orfelins. L'Univers a vû avec combien de zèle, de fidélité, d'aplication & de fuccès cette Maifon a été fervie & confeillée. Sa Chûte ne pourra commencer que quand un fucceffeur s'avifera de vou-

loir

ſoir faire des épargnes ſur ſes ſerviteurs (f).

L'autre Maiſon tombée dans le mépris ſouffroit que les ſerviteurs comba-
tiſſent contre les ſoucis & les beſoins.
Elle a eû quelquefois de grands hommes
& des Génies ſupèrieurs. Mais ces
bonnes têtes ne pouvoient pas plus effectuer avec leurs ſubalternes qu'un Génèral avec une Armée qui manque de
pain. Les apointemens ſont ſi petits
qu'il n'y a qu'un Fripon ou un Harpagon
à qui ils puiſſent ſuffire: point de récompenſe pour des ſerviteurs fidèles,
aucune reprimande pour les négligens,

G 4

point

(f) *L'Original de ce Portrait magni-
fique mérite les adorations de l'Univers. Toutes ſortes d'hommages &
de Reſpects, & les preuves les plus
éclatantes d'une fidélité ſoutenuë, le
ſacrifice de la vie même, ſont dûs à
un Prince ſi digne de l'être, plus encore par les qualitez de ſon ame, que
par l'élèvation de ſon rang. Mais
les* TITVS *ſont bien rares.*

point de châtiment pour les fripons (g.). Iamais d'encouragement pour des gens capables, au contraire, s'il se trouve par hazard au milieu de toute cette misère qu'une bonne tête marque de la probité & du zèle, la jalousie s'élève contre lui, on l'oprime; on se contente dans les Emplois de mauvais sujèts, parce qu'ils coûtent moins a entretenir, on ne cherche point à attirer des Etrangers, ou on ne leur fait pas un sort qui les excite à rester. Il est indiffèrent au Prince que le Ministre se tuë au travail, ou qu'il demeure les bras croisez sans rien faire; qu'il addresse à Dieu des actions de graces pour son Maître, ou qu'il lui souhaite la mort. Les Conseillers sont pour la plus grande partie comme des chevaux de bât, qui portent leur charge parcequ'on la leur

(g) *Il n'existe plus de Fripons, a moins qu'ils ne soient pauvres. Dés-qu'un homme de cette catégorie a une poignée de Ducats à répandre, il est toujours sûr de prouver son innocence, eût - il passé toute sa vie à dérober.*

-leur a mife fur le dos. Ces *Diftinctions,*
qui coûtent fi peu à un Prince, & qui
font tant d'effèt fur des coeurs de bonne volonté, qui fe piquent d'honneur
pour bien faire, font inconuës ici. Le
travail n'a aucun fuccès même entre les
mains de l'homme le plus capable, parce - que fon ame affaiffée fous le poids
des foucis journaliers n'a ni feu ni vigueur. C'eft en vain qu'on le charge
de défendre les Droits les plus importans de la maifon, il eft néceffité d'employer pour acheter du pain à fes Enfans l'argent qu'il avoit deftiné aux Livres qui lui feroient néceffaires pour
fon ouvrage. En un mot c'eft une
Maifon où l'on né'pargne fur rien que
précifement fur les articles où la dépenfe feroit le mieux employée, vû le
gain infiniment plus grand qui en reviendroit.

Si quelqu'un m'objecte à l'occa-
fion de ces deux defcriptions opofées,
que c'eft dans les lumières & dans les
qualitez des Souverains même de ces
deux Maifons qu'il faut au fonds chercher la raifon d'une diffèrence fi palpa-

G 5

ble,

ble, j'en conviendrai aussi sans peine (h).

Mais il y a ici encore une Considération à faire, digne des plus mûres reflexions, c'est la nécessité, cette nécessité si importante, d'obvier aux *tentations*. Selon l'idée que j'ai du coeur humain, naturellement corrompu lorsque la grace de Dieu ne l'a pas encore sanctifié, je ne puis regarder que comme une injustice, qu'un Souverain croie pouvoir exiger de 'la fidèlité & de la probité de serviteurs, à qui il ne donne pas des apointemens suffisans, ou dont les apointemens sont mal payez. Les petits Vols & Larcins des Officiers subalternes & Domestiques de la Cour sont dans un cas considèrez comme une chose établie, qu'on est assez porté à excuser. Mais le dommage qui resulte de

(h) *Tant pis pour le dernier. Quel compte à rendre un jour ? s'il a dépendu de lui d'aquerir les lumières & les talens nécessaires pour bien gouverner, & pour faire par là son bonheur & celui de son Peuple.*

de l'infidèlité d'un Ministre ou d'un autre serviteur qui remplit un poste considérable, est incomparablement plus grand. On peut dérober bien des Chapons & vuider à la dérobée maint tonneau de vin sans que la Maison ou le Païs se ressentent de cette perte. Mais il y a dequoi verser des larmes de sang quand on voit un Ministre d'ailleurs porté à être honnète - homme succomber dans quelque instant critique à la tentation de vendre l'honneur & les intèrêts de son Maître par nécessité pour un sac d'argent, pour un Fief, ou pour assûrer un établissement à ses enfans; quand un Conseiller trahit pour de l'argent les secrèts de la Maison afin de pouvoir acheter du pain à ses dix Enfans, & cela parceque ses apointemens ne suffisent que pour l'entretien d'une seule bouche; quand depuis le Chef jusques au dernier Huissier de la Chancellerie chacun excite l'autre par son exemple & par sa conduite à *dérober aussi*, à *tromper aussi*. On ne pend ni des Ministres, ni des Conseillers, (à moins que cela n'arrive par hazard à quelque Juif) ils tombent seulement en

dis-

disgrace, ce qui n'empêche pas que leurs Enfans ne ſoient établis; cependant s'il s'agiſſoit d'examiner le fonds de la queſtion, je penſe que ce ſeroit un cas trés-difficile à décider avec juſtice & en conſcience lequel des deux eſt le plus blamable, du Maître dont le ſerviteur eſt mal payé, ou du ſerviteur que de vrayes néceſſitez ont porté à dérober (i). Car de dire que ces apointemens ont ſuffi à ceux

(i) *Pour tout dire ils ſont blamables l'un & lautre, & tous deux fort à plaindre. Quand les ſerviteurs ſont mal payez le déſordre eſt inévitable, & je ne ſais ſi Mſr. de* MOSER *auroit eû grand tort de blamer plus ici le Prince que le ſerviteur, parceque dans le cas propoſé le Prince eſt la prémière cauſe du mal, quoi qu'il ait en main tous les moyens poſſibles pour l'empêcher. Il eſt donc non ſeulement coupable du bien qu'il ne fait pas, mais auſſi du mal qu'il occaſionne. Plus il a dailleurs de bonnes qualitez & de lumières, plus il a de reproches à ſe faire, malgré tout ce que ſes flateurs peuvent lui di-*

ceux qui ont précèdé le ferviteur dans fon emploi, ou que 'd'autres fe tirent d'affaire, cela font des raifons qui, péfées au Tribunal de la Confcience d'un Souverain fcrupuleux, font fujettes à de trés - fortes objections.   Il eft de fait qu'il faut qu'un ferviteur pouffe bien loin fes malverfations pour courir le ris-que du gibèt.   Mais comment un Prin-ce pourra-t-il fe refoudre à punir de petits larcins innombrables & quantité d'infidèlitez, quand il fait lui même que cela fait partie des revenus néceffaires à la fubfiftence du ferviteur? Comment pourra- t-il reprocher des injuftices, des prévarications, des préfens reçûs, ou des trahifons - même à un de fes Jufti-ciers, qui fera en état d'allèguer pour fa défenfe que depuis fept ans on ne lui a pas payé un fol de fes apointe-mens?   Ce font des cas où les foibles bornes d'une honnèteté purement na-turelle font bientôt franchies; la force de la tentation peut même fubiuguer

un

dire.   *Mais il ne fuit pas de là que la mauvaife action du ferviteur qui dérobe puiffe être jamais excufée.*

un homme foncièrement vertueux,
quand il se trouve pressé par une nécessité qui dure long-tems, & des besoins
qui s'accroissent tous les jours. N'est
il pas à présumer qu'au Tribunal de
Dieu le Souverain, qui a mis un serviteur d'ailleurs intentionné d'être fidèle
dans le cas de pècher, partagera la peine. Je crains bien qu'ouï (k).

Si les Princes étoient bien persuadez que les soupirs, que la misère arrache aux serviteurs, retombent sur eux-
mêmes, s'ils pensoient que les larmes
d'un Père mourant, qui après avoir ser-
vi vingt ans avec fidelité ne peut laisser
à ses enfans d'autre bien que les arrérages de ses apointemens, pénètrent
jusqu'au Throne de Dieu & ont la vertu de priver le Prince des bénèdictions
du Ciel, s'ils concevoient que les actions
de grace que le serviteur addresse à
Dieu

(k) *Tout cela conduit à prouver le tort
du Prince, mais il n'y a point de
couleur au monde, qui puisse servir
à pallier l'action du serviteur, qui
dérobe. C'est toûjours un infidèle &
un parjure, quel tort que son Maître
puisse avoir vis-à-vis de lui.*

Dieu pour les bienfaits que lui accorde son cher & trés - gracieux Maître sont comme une rosée bien - faisante, qui s'étend sur tout le païs & sur la Maison du Souverain(*), ils se détermineroient sans doute au moins à faire plutôt des épargnes sur leurs chiens, sur leurs chevaux, sur leurs tableaux, sur leurs bâtimens, que sur ces serviteurs, qui sont leurs amis nez (1).

Il y a des Souverains, qui, convaincus de la vérité de ces propositions, croient éviter tout reproche, en disant qu'ils ne mettent dans les Emplois importans, & les plus su-

(*) Rien n'est plus honteux à un Prince, que de voir ceux, qui ont vieilli en le servant, chargés d'années, de mérite & de pauvreté tout ensemble. Testam. polit. de *Richelieu* T. l. p. m. 273. Edit. d'Amsterdam, 1696. Alleg. de l'Auteur.

(1) *Msr. de* MOSER *vient d'exprimer ici en peu de lignes des véritez si importantes, que l'on devroit les voir gravées en Lettre d'or dans chaque Cabinet, ou ce qui vaudroit mieux dans le Coeur de tout Souverain. Si tous*

les

suјèts aux occasions de tentation que des gens riches par eux - mêmes.

Ceux

les Princes étoient aussi convaincus qu'ils devroient l'être, qu'ils attirent sur eux & sur leurs Etats des bénédictions ou des malédictions selon le bien ou le mal qu'ils font, ou qu'ils tolèrent, on verroit dans les Cours plus de Religion, plus de crainte de Dieu, plus de charité pour le Prochain, qu'il n'y en a d'ordinaire. Des Amusemens frivoles, qui peuvent conduire & qui conduisent en effèt assez souvent au crime, en seroient bannis aussi bien que ces lâches & indignes serviteurs, qui flatent les passions du Maître, pour pouvoir à l'abri du désordre continuer à exercer leurs rapines & leurs concussions. Toute prospèrité, l'usage même convenable de nôtre raison & de nos facultez, dépend absolument de la bénédiction du Seigneur, sans laquelle, abandonnez à nous - mêmes & à nôtre aveuglément, nous ne pouvons marcher qu'à tâtons, sans sçavoir discerner véritablement ce qui nous est nuisible ou avantageux.

Ceux-ci, dit-on, ont au moins pour eux la préſomption qu'ils ſeront incorruptibles, & ſe contenteront cependant de l'ancien apointement établi, quelque petit qu'il ſoit. Mais quoi qu'on ne puiſſe nullement déſapprouver que dans le choix entre deux hommes également capables le Prince préfère le plus riche, & quoiqu'il y ait des Emplois qui exigent même cette précaution, quoi qu' enfin il ſoit trés-poſſible qu'un homme riche ait de la probité (m), il n'en eſt pas moins vrai que cette règle ne peut point être regardée comme abſolument univerſelle, & au deſſus de toute exception.

Un Miniſtre riche, &, proportion gardée, tout autre Serviteur aiſé, ſoulage le Prince & la Caiſſe dans plus d'un article eſſentiel. Il contribuë plus que

(m) *Dans le cas contraire le Riche eſt doublement puniſſable. Je ne conois rien de ſi mépriſable qu'un ſerviteur riche & ſuſceptible de corruption.*

que celui qui n'a point de bien, ou qui
en a trés-peu, à l'éclat de la Cour, à
l'honneur de l'Emploi, au profit du fujèt, & eſt réellement plus utile à pluſieurs égards. Mais l'on iroit trop loin
ſi l'on vouloit conclure de là que plus
un homme eſt riche, plus il eſt déſin-
téreſſé ; au contraire les plus riches ſont
ſouvent les plus inſatiables. Toute la
conſéquence qu'on en peut tirer c'eſt
qu'on ne peut offrir que des préſens
trés-conſidérables au Riche (n), c'eſt
qu'à

(n) *Je ne ſai ſi cette Conjecture ne ſeroit pas ſujette à des objections fon-
dées ſur l'expèrience. Il y a aſſûré-
ment des ſerviteurs riches qui ſe con-
tentent de petits préſens, ſuivant cette maxime mercantile que les petits
profits multipliez & ſouvent repetez
ſont les plus ſûrs moyens de s'enrichir.   Il eſt donc trés-poſſible que
quelques ducats ſuffiſent pour corrompre un Raporteur, quelque riche qu'il
ſoit dailleurs. Voyez dans* BOILEAU
(*) *l'Hiſtoire du Lieutenant Crimi-*
(*) sat. X. *nel*

qu'à caufe de fes richeffes il eft plus difficile à entamer; c'eft que fon *Mammon*
lui fournit plus de facilitez pour s'a-
querir des amis (*), & qu'à tous égards
H 2   fon

nel TARDIEU *& de fa femme d'*
horrible mémoire:

    L'un & l'autre dés-lors vêcût à l'a-
        vanture
Des préfens qu'à l'abri de la Magiftra-
        ture
Le Mari quelquefois des Plaideurs ex-
        torquoit,
Ou de ce que la femme aux voifins ex-
        croquoit.

Cependant les anecdotes de ce tems por-
tent que ce Couple infortuné poffédoit
prés d'un demi-million de bien.   Ain-
fi ce ne font pas les richeffes qui met-
tent à l'abri de la Corruption. C'eft
la vertu, l'intègrité, la juftice, la
crainte de Dieu.   Dailleurs fans ha-
zarder beaucoup je crois qu'on peut
dire que la plûpart des Riches font
avaricieux ou gens à fantaifies. Peu
d'argent fuffit pour corrompre l'Ava-
ri-

(*) Luc. XVI, 9.

ſon Maitre eſt dans le cas d'en uſer avec lui avec de grands ménagemens.

D'ailleurs le mérite & les biens de la fortune logent rarement enſemble. Le plus ſouvent c'eſt l'indigence qui eſt la Compagne de la vertu. Supoſons un homme qui auroit toutes les qualitéz néceſſaires pour remplir dignement le poſte de Miniſtre auprés d'un grand Prince; cet homme doit il être exclus, parce qu'il n'a pas de lui-même aſſez de bien pour contribuer du ſien à ex-

er-

ricieux, & l'Homme à fantaiſies ſe peut gagner aiſément par une baga-telle. Une pièce de Cabinet ſinguliè-re, une berloque, ſi vous voulez, nou-velle & d'un goût particulier, ou quelque autre fadaiſe dans ce genre le diſpoſeront à favoriſer le ſupliant. Il n'y a qu'à découvrir le foible & en profiter à propos. Concluons. En général les richeſſes ne préſervent de rien, dés-que le ſerviteur choiſi eſt naturellement injuſte, ignorant, ava-ricieux, léger &c.

…ercer son Emploi avec faste. Combien de moyens le Prince n'a-t-il pas pour remèdier à cet inconvènient? Il n'a qu'à lui donner des apointemens d'autant plus considérables, & lui procurer quelques uns de ces avantages legitimes, dont un Prince peut favorifer des hommes de mérite, sans que cela tourne à la charge ni du Souverain ni du Pais.

Peut être que plus d'un Prince se berce de l'idée que ceux auxquels leurs apointemens ne suffifent pas doivent aviser eux-mêmes aux moyens de se procurer ce qui leur manque; que de gros apointemens font inutiles, parce que les tromperies n'en vont pas moins leur train; qu'il suffit que ce surplus ne soit pas pris sur les Caisses du Maître. Cette maxime mise en oeuvre n'est autre chose qu'un Commentaire réel & effectif de cet ancien Proverbe que les grands Seigneurs veulent être servis à leur guise (*). Je ne m'arrêterai pas sur cet article parceque j'abhorre tout Prince qui pense de cette façon.

H 3

Il

______
(*) C'est a dire trompez.

Il faut convenir à l'honneur de nos Cours d'Allemagne, qu'il y en a plufieurs où l'on a affûré un fonds plus que fuffifant pour les apointemens néceffaires, & où ils font encore payez avec affez d'exactitude. Mais il y a à ces Cours un autre iuconvenient confidérable. C'eft qu'il y a trop de gens au fervice. Le nombre de ceux à qui on donne des apointemens eft trop grand. De là vient la disproportion des apointemens deftinez aux plus importans emplois, ceux de la moyenne claffe fourniffent à peine le néceffaire, & ceux qui ont les plus bas emplois n'ont pas toûjours ce qu'il leur faut pour vivre, au lieu que fi on diminuoit le nombre des ferviteurs, ceux qui font employez dans les prémières Charges pourroient être richement falariez, & tous les autres ferviteurs mis à leur aife.

Ce mot connu : *Le Prince peut fe paffer de fes ferviteurs, mais les ferviteurs ne peuvent fe paffer du Prince,* eft bon pour le moment où le Souverain

le

le dít, & marque une bonté digne d'ê-
tre exaltée, mais ce mot ne peut être
reçû comme une maxime en fait de
Gouvernement. Tout au plus elle ne
pourroit être apliquée qu'à ces Emplois
de Cour où bien des serviteurs ne vivent effectivement que de la grace du
Prince, à prendre cette expression dans
son sens litéral.

Certaines Constitutions & arrangemens ne peuvent à la vérité subsister
sans une grande quantité de gens employez pour les entretenir. En France, par exemple, dans les Fermes, où
un Emploié a toûjours son surveillant;
en Allemagne dans le service de Prus-
se où toutes les affaires se font avec
une célérité étonnante, & l'exactitude
la plus ponctuelle, cela ne peut être
autrement. Mais ces modèles vont
bien loin au de là du Train reçû ailleurs. Si l'on examine les raisons ordinaires du nombre excessif des serviteurs, on trouvera que les Princes &
les serviteurs y ont une part égale.

H 4   Le

Le Prince est bon, il est affable,
il voudroit faire du bien à beaucoup
de gens; Un sujèt né dans ses Etats le
prie de lui donner du pain, un autre
est un Etranger capable, que le Mini-
nistre souhaiteroit d'attacher au service,
le troisième est fils d'un ancien serviteur fidèle, le quatrième allègue que depuis très-long-tems on lui a promis
de l'employer. En voila quatre, & il
n'y a pour tous les quatre qu'une seule place. Chacun des quatre Candidats
en est non seulement digne, mais, qui
plus est, trés-capable de la remplir parfaitement lui seul. Mais comme on les
veut favoriser tous les quatre on partage entre eux les fonctions de l'Emploi
& les apointemens. Il est vrai que le
Prince aquiert par là quatre serviteurs,
mais il ne peut bien compter sur aucun
d'eux. Forcez de chercher à supléer
par toutes fortes de moyens au défaut
de leurs apointemens pour subvenir à
leurs besoins, ils ne peuvent avoir recours qu'à des tromperies & à des baf-
sesses, ou, lorsque le Prince auroit le
plus de besoin d'eux, on ne les trouve

pas,

pas, ils font occupez autre part à chercher leur vie. En faifant même abftrac-
tion de ce qu'on vient de dire, il eft
toûjours certain que le Chef d'un Département où un tel ferviteur eft employé, de quelle fevèrité qu'il fe pique,
fi tous les fentimens de charité ne font
étouffez dans fon Coeur, ne fauroit
exiger d'un pareil fubalterne cette exactitude, ce zèle, cette affection, cette
aplication foutenue, qu'il feroit en droit
d'exiger de lui, fi le ferviteur avoit les
autres trois quarts de l'apointement
dont on l'a privé (o). Un Souverain
dans

(o) *Cela eft vrai, mais il eft du devoir de tout Chef de Département de
s'opofer de toutes fes forces à un pareil défordre, qui en met toûjours
dans le Département qui lui eft confié. Si le Prince n'a pas affez de
confiance eu lui, ni affez de confidération pour lui pour faire attention
à de juftes repréfentations, ce Chef ne
doit pas béfiter à fe démettre d'un
Département qu'il ne peut garder fans*
char-

dans cè goût a à une Cour étrangère quatre Chargez - d'affaires, tous accréditez par lui; l'un a encore douze Maitres, qu'il fert également, le fecond fait l'Avocat de quiconque le paye, le troifième tient boutique & vend du poivre & du Gingembre, ou d'autres marchan-

charger fa confcience; & fans fe rendre complice en quelque façon du mal qui refulte immanquablement de tout défordre. Le befoin qu'il peut avoir de fa Charge pour vivre n'eft pas une raifon fuffifante pour y refter, dés-que la Religion & l'honneur lui prefcrivent de la quitter. L'honnète-homme facrifie tout à de fi grands motifs & n'en eft que plus grand & plus eftimable quand il ne tombe dans la mifère que pour avoir rempli fes devoirs avec fermeté. Cette Confidération & le repos de la Confcience qui l'accompagne dédommagent amplement de la faveur des Cours & des avantages temporels qu'on n'auroit pû conferver qu'en fe rendant méprifable dans ce monde & malheureux dans l'autre.

chandifes, le quatrième écrit une Ga-
zette pour vivre, peut - être un cinquième s'y joint-il, qui fert de Cocher
aux quatre précedens.   Chacun tire
quelque apointement du Prince que
nous fupofons, & tous ces apointemens additionnez enfemble font une
fomme dont un Miniftre de mérite
pourroit vivre avec décence & faire
honneur à fon Maître à cette Cour, au
lieu que les quatre autres y vivent avec
obfcurité dans un état équivoque entre
la confidération & le mépris (p).

Un autre Souverain aime d'avoir
quantité de ferviteurs, & ne fe croit
grand & élevé qu'à proportion du
nom-

(p) *On peut ajoûter avec certitude que
des* Chargez-d'Affaires *de cette Ca-
tégorie-là, fous quel Titre qu'ils paroiffent, font le plus fouvent trés-in-
capables de s'aquitter des ordres que
l'on pourroit leur envoyer, & par
conféquent l'apointement qu'on leur
donne, fi petit foit-il, eft toujours
trés-mal employé.*

nombre de ſes gens. Il eſt ſi libèral de ſes Emplois & des Titres qu'il peut donner que ſes ſujèrs n'y ſuffiſent pas. Il fait venir des Etrangers pour augmenter le nombre de ceux qui portent le nom de ſes ſerviteurs. Va-t-on à la Cour un jour de Gala, on voit une Perſpective de Génèraux, de Conſeillers Privez, de Chambellans, d'Aides de Camp, qui ſuffiroient pour garnir le plus grand Opera; on y remarque dix ſortes d'Uniformes d'Officiers, des Cordons rouges, bleus, jaunes, tout brille juſqu'à éblouïr. On prétend que ce Tuf doit donner aux Etrangers qui arrivent à la Cour une haute idée de la richeſſe du Souverain, & inſpirer aux ſujèrs une véneration d'autant plus profonde pour la majeſté de celui qui les gouverne (q). Mais quel ſpectacle ſe

pré-

(q) *Un trés-habile Miniſtre d'un des plus reſpectables Souverains de l'Europe interrogé à ſon retour d'une Cour trés-brillante ſur ce qu'il y avoit vû de remarquable, répondit:* Quantité

d'Etof-

préfente à un homme qui confidère d'un
oeil fage & pénètrant ce Jupiter entouré
de fes Satellites? La plus grande partie de
ces Seigneurs vit dans l'efpèrance de
tems plus heureux (r) la moitié des
Courtifans eft fur le point de faire ban-
queroute (s), toutes ces Chamarrures
dûës encore au Marchand couvrent des
coeurs pleins de foucis & d'angoiffes,
l'Etranger fage fe moque de ces excés,
le païs foupire de ce que lui coûtent
les prodigalitez d'un Prince vain & vo-
luptu-

d'Etoffes trés-riches qui couvroient
de trés-pauvres efpèces, & un Souverain trés-digne d'être aimé auffi
mal fervi qu'on puiffe l'être. *Ce
mot feul prouve combien l'opinion
contre laquelle Mfr. de* MOSER *parle ici eft fauffe.*

(r) *La diffipation des Revenus, le désordre dans les Finances, l'accroiffement des dettes, l'épuifement des fujèts, ne font pas propres à amener des
tems heurenx.*

(s) *Il y en a plus d'un ou la banque-
route eft toute faite.*

luptueux, qui s'imagine que la moitié du monde fera affez folle pour croire qu'un petit homme pauvre aquiert un dégré de Grandeur lorfqu'il eft environné d'un nombre confidérable de gens encore plus pauvres que lui.

Un grand nombre de Confeillers dans de certains Colleges eft affez fouvent une preuve prochaine & fondée que toute l'Economie de cette Cour ne vaut rien (t). Cette reflexion eft aplicable par-

(t) *A quoi fervent en effèt ces Confeillers trop multipliez qu'à augmenter les interêts particuliers toûjours opofez à ceux du Prince & du Public? C'eft affûrément une trés-mauvaife politique de charger plufieurs de ce qu'un feul peut effectuer commodément, & il arrive affez fouvent qu'un Confeiller têtu & malhabile retarde, interrompt, ou empêche tout-à-fait, le travail de fon Collègue fenfé. Cette reflexion conduit naturellement à une Réforme, qui pourroit*
pa-

particulièrement à ces Charges où il est question de l'administration des revenus du païs & du compte qu'on en rend. Il est de fait & constaté par mille expèriences que nos anciens Princes & leurs sujèts étoient mieux servis

paroître dure à un Prince dont le Coeur est plein d'humanité & de bonté. Pour l'exècuter sans que ces deux qualitez louäbles en souffrent, il faudroit dabord determiner le nombre de serviteurs nécessaires à chaque département, chasser ensuite sans aucun égard ceux qui se sont rendus évidemment coupables de quelque malversation, & laisser aux vieux serviteurs qu'on oteroit des départemens leurs apointemens leur vie durant. Les autres seroient conservez dans des Emplois, chacun d'une manière convenable à ses talens & au Règlement gènèrai qui auroit été fait, & dont il ne faudroit jamais s'écarter sous quel prétexte que ce fut. De cette manière la Réforme se feroit d'elle-même dans quelques années sans que qui que ce fut pût s'en plaindre avec raison.

vis n'ayant qu'un petit nombre de Confeillers de Finances & de Caiffiers, &
étoient plus à leur aife, & avoient auffi plus d'argent comptant & de credit,
que les Princes de nos jours avec cette
foule de Financiers, tous occupez à
pourvoir aux befoins de la Chambre,
& aucun au bien du Païs, qui tous enfemble avec toute leur fcience ne valent pas la botte de foin qu'un Paifan
avifé attache pour le befoin fous fon
chariot.

J'ai lû avec étonnement dans les
Lettres du Comte de TESSIN (*) que
dans le Roiaume de *Suède* le Comptoir
de l'Etat chargé de l'adminiftration de
tous les Revenus & de toutes les Dépenfes du Roiaume, & qui eft obligé de
rendre compte de fa geftion, confère
toûjours avec le Roi avant qu'on prenne aucune refolution dans une affaire
pecuniaire, & que le Dicaftère où tous
les Papiers & Comptes du Roiaume
concourent à cette fin n'eft compofé
que d'un Préfident, de deux Commiffaires de l'Etat, & des fubalternes abfolument néceffaires.

D'un

(*) Tom. II. p. 304.

D'un autre coté c'eſt un ſpectacle riſible enſemble & digne de pitié, que d'arriver à une Cour d'Allemagne (& il y en a beaucoup de cette catégorie) où l'on ne peut preſque pas paſſer d'une ruë à l'autre ſans rencontrer un Créancier, ou un Conſeiller de la Chambre (u). On trouve ici un Senat vénérable compoſé d'un Préſident & d'un Directeur de la Chambre, ordinairement affligez & accablez de ſoucis, de deux Conſeillers Privez des Finances affaiſſez ſous le poids du chagrin & des reproches de leur conſcience, de dix ou douze Conſeillers Auliques de la Chambre de quatre Aſſeſſeurs, de deux Thréſoriers, de quatre Caiſſiers, de ſix Secretaires de la Chambre, d'autant de Chancelliſtes, ſans compter les Huiſſiers, Houſars

______

(u) *Le plus ſouvent on les trouve enſemble, & ordinairement à quatre ou cinq pas de là quelque Enfant d'Iſraël, qui guette le moment de la rapine.*

fars de la Chambre (x), & autres fubalternes fervans. Quand tous ces gens
feroient chargez de l'adminiftration des
revenus de tout un Roiaume, ils pourroient remplir leur tache, & paffer
pourtant bien des jours de l'année fans
travailler (y). Cependant la geftion
qui leur eft confiée n'a pour objèt qu'
un million ou demi-million d'écus, &
quand ils ont bien calculé ils trouvent
que cela ne fuffit pas pour les dépenfes
de leur trés-gracieux Maître (z), &
qu'il

(x) *Les* Houfars de la Chambre *ne font*
dans la règle aucun fervice à la Chan-
cellerie, leur emploi les attachant à la
Cour.

(y) *Et c'eft ce que la plûpart font d'un*
bout de l'année à l'autre.

(z) *Ou de ceux qui lui aident à dépenfer.*
Car à examiner impartialement les
chofes, on trouvera le plus ordinaire-
ment que dans ces Cours, où les Fi-
nances font le plus dérangées, le Sou-
verain ne dépenfe pour fa perfonne,
ou pour les frais néceffaires, que les be-
foins

qu'il faut ou trouver. encore deux cens mille écus de revenu de plus, ou con-tracter annuellement pour autant de nouvelles dettes. On prend encore quelques nouveaux Conseillers, qui don-nent des avis que les anciens auroient eû honte d'ouvrir, & à la fin il vient un avanturier, auquel il est à peu prés égal de mourir sur son lit, ou de courir le risque du gibèt, qui traite d'ignorans tous ces Conseillers, & qui enseigne au Prince la voye la plus prompte de se

I 2

pro-

soins de l'Etat exigent, que la moitié de la somme totale de ses revenus, & que l'autre moitié est consumée par les Favoris, les Maitresses, leurs Créa-tures, & cent sortes de serviteurs in-fidèles, tous nuisibles au Prince & aux sujèts. J'ai entendu dire une fois à une Dame aussi recommandable par ses lumières supèrieures que par l'excel-lence de son Caractère: Rien ne seroit si facile que de fournir des plai-sirs au Maître à peu de frais, mais ce ne seroit pas le Compte de ces Messieurs, qui ne peuvent faire leurs affaires que dans le désordre.

procurer par de certains arrangemens ce qui lui eſt néceſſaire, ſans s'engager au travail pénible de hauſſer les impôts, ce qui ſouvent eſt impoſſible. L'Inventeur de ce beau Projèt ne compte pour rien l'honneur & le Credit du Maître, qu'il met en jeu. Il prend ſur lui & ſur ſa conſcience tous les procèdez durs & contraires à la probité; il exige ſeulement du Prince une Reſolution ferme & inébranlable de ne recevoir ni écouter aucune plainte ni repréſentation, & de ſe mettre au deſſus de toute menace & remors de Conſcience (a), ce qui peut

(a) *Il n'eſt guères probable que ce cas puiſſe jamais exiſter tél qu'il eſt propoſé dans nôtre Texte. Comment ſupoſer que le Coeur d'un Prince ſoit capable d'une injuſtice ſi viſible, ſi publique, ſi criante, qui le dés - honoreroit à la face de tout l'Univers? Dailleurs le Financier Fripon, qui en donneroit le Conſeil, ſe démaſqueroit trop, & feroit conoître par cette ſeule inſinuation, qu'il butte à conduire ſon Maître*

peut faire au moins aller la machine
jusqu'à ce que la mort enlève l'un ou
l'autre.

I 3   Cet-

*tre à une Tirannie déclarée.   Or
un Prince, même porté par un mauvais naturel à être réellement injuste
& Tiran, ne veut pas passer pour
tel. Il veut au moins sauver les aparences, & il n'y en a point d'assez
aveugle pour donner dans un piège
aussi grossier que celui dont il est parlé ici. Ce qui est plus vraisemblable,
c'est qu'un tel homme après avoir étu-
dié le foible du Maître, se sert de cette conoissance pour aquerir sa confiance, en suite il le trompe le prémier,
& gagne peu à peu assez sur son
esprit pour se faire renvoyer les plaintes & représentations des sujets.
Quand un Fourbe a obtenu ce point,
il a mille moyens de faire passer
dans l'esprit du Prince par des raports infidèles pour juste ce qui est in
juste, & pour injuste ce qui qui est
juste.*

Cette espèce de serviteurs si infortunez dans de certaines Cours, & si dignes de pitié dans d'autres, ne seroit pas tombée dans un mépris si grand & si bien mérité, si en remplissant les emplois on avoit moins accordé au nombre, & davantage à la capacité, à l'aplication, & à la probité des sujèts choisis, & qu'on eut eû l'attention de recompenser libéralement les services certainemeut pénibles de deux qui ont ces qualitez (b).

Mais vû les apointemens misérables que l'on donne à un Conseiller des Finan-

nan-

(b) *Une attention utile a faire, & fondée sur l'expèrience, c'est que rien ne décourage tant un serviteur capable & laborieux, que de voir prodiguer les apointemens & les gratifications à des bâteleurs, ou à des Maitresses, ou à des Fainéans de Cour, tandis qu'on ne lui donne qu'à peine de quoi fournir mesquinement à son entretien & à celui de sa famille. Lisez la suite du Texte.*

nances dans la plûpart des Cours, comment un Prince peut-il exiger que des gens de mérite & reconnus pour habiles dans la science des Finances s'engagent pour si peu de chose à son service? Il est vrai qu'il y a plus d'exemples à allèguer de Financiers morts riches, que de ceux qui ont vecû dans l'indigence, & il semble que les Souverains comptent là-dessus, persuadez que ces sortes de serviteurs se tirent toûjours d'affaire, & que c'est mal employé de donner de gros apointemens à des gens qui possèdent le secrèt de faire de l'argent de tout. Cependant cette maxime est en effèt erronée & pernicieuse. Elle ouvre la porte à la tentation de tromper le Prince, d'opprimer secrètement le sujèt, de recevoir des Présens, & d'user de fraudes dans les Bails, dans les Accords, &c. Elle étouffe la bonne volonté en ceux qui auroient du Génie pour les Finances, & qui feroient volontiers des essais utiles dans la physique & dans l'économie. Ils sont découragez parce qu'ils n'espèrent pas qu'on leur saura gré de leurs peines, & en-

I 4

core

core moins qu'ils en feront recompenfez.

Un inconvénient de la part des ferviteurs, c'eft ce nombre innombrable
de gens qui pourfuivent des emplois,
& qui affiègent tellement le Maître &
fes Miniftres par leurs fuplications &
des follicitations (c), qu'enfin las de les
en-

(c) *Il y auroit un moyen fort fage &*
très - efficace pour fe débarraffer de
toutes ces importunitez, en obligeant
ceux, que leur propre inclination,
ou le Choix de leurs parens deftine à
tel ou à tel emploi, à fe faire infcri-
re dans le département dans lequel
ils défirent de fervir. Cela fait, dés-
qu'un Emploi viendroit à vaquer, le
Chef du Département préfenteroit la
Lifte des Afpirans au Prince, ou au
grand Confeil de Police, *dont nous*
avons fi fouvent parlé (*) *pour en*
choifir celui qu'on trouveroit le plus
ca-

(*) *On trouvera dans le Suplément à ce Tome*
une idée plus précife de ce grand Confeil.

entendre lamenter on donne à chacun quelque petit Emploi, qui lui fournit à peine du pain. C'eſt à l'Employé à voir comment il ſe tirera d'affaire. Mais ſi l'on veut ſe prendre à cela, l'on peut compter trés - certainement que dans cinquante ans le nombre des ſerviteurs attachez à un Collège ſera accrû du double. Car la plûpart de ceux qui ſervent dans les Chancelleries ſe croiroient trés - dés - honorez s'ils mettoient leurs Enfans dans le Commerce, ou s'ils leur faiſoient apprendre quelque honnète profeſſion. Selon eux la bienſéance exige abſolument qu'on les conſacre aux études, & dés - lors le Père & le Fils croient avoir un Droit aquis

I ſ   ſur

capable, après un examen ſcrupuleux, bien entendu par conſéquent que la faveur, les brigues, les ſollicitations, n'influeroient jamais ſur le Choix du Souverain. Les choſes une fois miſes ſur ce pié, le Prince & le Miniſtre ſeroient délivrez des importunitez dont Mſr. de MOSER *parle ici.*

sur quelque Emploi futur (d). Il faut,
dit-on, commencer par en bas, le Père.

(d) *Les choses vont quelquefois plus loin
que nôtre Texte ne le dit: Un Ban-
quier trés-riche & de bon sens avoit
trois fils. Interrogé par un Gentil-
homme à trente-deux Quartiers à quoi
il destinoit ses Enfans, je laisserai à
l'ainé, répondit le Père, le soin de
continuer mon Commerce parce qu'il
a plus de genie que ses Frères, j'aban-
donne le second aux voluntez de sa mère, qui le destine aux études & j'y
consens parce qu'il ne vaut pas son
ainé; pour le Cadèt qui n'est bon a
rien du tout je ne vois d'autre ressour-
ce pour lui que de le faire anoblir.
De même un Tailleur, un Cordon-
nier, ou un autre Artisan, s'il voit à
son Fils du talent pour son Art ou
pour sa profession, sera ordinairement
disposé à la lui faire embrasser. Cela n'est-il pas? Les Parens lui trou-
vent-ils l'esprit trop borné pour
aprendre leur métier? disent: il le
faut*

re fournit auffi long tems qu'il le peut à la fubfiftence, & à peine quelque Emploi, fi mince foit-il, eft-il vacant, que le Prince eft importuné par des Requêtes, & les Miniftres par des follicitations. Ce Candidat qui auroit pû devenir un riche Fabricant, un Artifan célèbre; ou réüffir dans telle profeffion que

faut faire étudier. Ils trouvent la facilité de l'envoyer aux Ecoles & aux Univerfitez dans ces Etabliffemens, fréquens en Allemagne, où les Inftructions & la nourriture font adminiftrées gratis à de jeunes fujèts, capables ou non, pourvû qu'il fçachent chanter dans les Temples ou devant les Portes. Quand ils ont effuyé 4. ou 5. années de ce pénible exercice aux écoles, & qu'ils ont battu pendant 3. ou 4. ans le pavé d'une ou de deux Univerfitez, un peu de protection, un peu de brigue, quelques préfens, font tomber entre les mains de gens fans fcience, & fans expèrience des emplois, qui ne peuvent qu'être alors trés-mal adminiftrez.

que c'eût été, se contente pour l'hon‑
neur de son etat d'un Titre, & d'une
expectative sur quelque petit apointe‑
ment (e). Encore faut‑il qu'il atten‑
de que son tour vienne, parce qu'il y
a toûjours quelques expectatives plus
anciennes, & les premiers en date doi‑'
vent être les prémiers pourvûs. C'est
ainsi qu'ils se succèdent peu‑à‑peu les
uns aux autres, après une longue atten‑
te , & c'est de la que vient ce nombre
excessif de serviteurs subalternes, cette

ar‑

(e) *Les Decrèts qui confèrent des* Expec‑
tatives *sur tel ou sur tel Emploi sont
le plus souvent un abus. Dans la rè‑
gle on n'en devroit jamais accorder.
Cela lie les mains au Souverain &
l'empêche, le cas existant, de remplir
les places vacantes de sujèts capables.
Outre cela cet abus fournit au Favo‑
ri, ou au Ministre une facilité de plus
pour remplir peu à peu tous les postes
de ses Créatures, & de fortifier ainsi
la Chaine dont il tient son Souverain
lié, ce qui est d'une conséquence trés‑
dangereuse,*

armée de Secretaires, de Regiftrateurs, de Chancelliftes, &c. parmi la foule desquels il arrive qu'un Genie heureux croupit & pourrit.

Ce mal ne fauroit être contefté, & il eft trés confidérable. Il prive l'Etat de bien des fujèts, qui auroient été utiles en toute autre chofe, s'ils n'avoient pas eû la marotte de fe croire apellez à *fervir un Prince*, & s'ils n'avoient obeï à cette prétenduë vocation. Lorsqu'un fujèt a été maltraité par la nature, je veux dire lorsqu'il eft fans talens, non feulement il refte mauvais fujèt, cela s'en va fans dire, mais il devient encore plus mauvais, parce qu'il s'imagine que fon rang le place déjà au deffus du Commun des hommes. Lorsqu'au contraire il a bien employé les années de fa jeuneffe, & celles qu'il a paffées aux Univerfitez, quoiqu'on lui fupofe de l'inclination pour les fciences & de la capacité, en l'attachant au fervice mécanique qui occupe les fubalternes d'une Chancellerie, il perd fon feu, fon talent s'affoiblit, & fe perd enfin tout-à-fait:

fait : ce jeune homme, qui avec le tems auroit pû fe rendre digne de remplir les prémiers Emplois de l'Etat, parvenu à l'age de 50. ans, n'eft plus bon qu'à fervir de Copifte le refte de fes jours dans le bureau, auquel il s'eft laiffé lier, fans avoir jamais pû parvenir à aucun avancement, l'ancienneté de ceux qui avoient obtenu des Decrèts d'Expectative (f) avant lui y ayant toûjours mis obftacle.

La quantité de ces ferviteurs qui n'ont point d'apointement, ou dont les apointemens fuffifent à peine pour le plus maigre entretien répand d'ailleurs fur les affaires une certaine lenteur, un certain affoupiffement & une confufion qu'on ne doit pas craindre à ces Cours, qui n'ont que peu de ferviteurs, mais des ferviteurs bien rentez (g). Puisqu'un

(f) Voyez la Remarque précèdente.

(g) *Nôtre Auteur fupofe que ces ferviteurs bien rentez font en même tems*

ca-

qu'un antique ufage femble avoir con-
facré le Titre d'Ane de la Chancellerie,
il me fera bien permis de dire encore
en guife de preuve que deux Chevaux
fringans & bien nourris transportent un
gros fardeau avec plus de promptitu-
de & de facilité, que vingt anes, qui
n'ont que des Chardons & des coups
de bâton pour leur partage.

J'avouërai cependant qu'il y a des
gens qui méritent ce trifte fort.   Ce
font ceux qu'une façon de penfer fu-
perftitieufe & rampante porte à préfè-
rer des Chardons à une meilleure nour-
riture-

*capables & honnètes gens. Car fans
cela de gros revenus ne fupléent pas
au défaut du merite réel. Tel eft
couvert d'or & de brillans, a une
Table fomtueufe, des équipages fuperbes, & nombre de Domeftiques,
en qui des gens clair voyans n'aper-
çoivent au fonds qu'un Fat parvenu,
que la nature avoit deftiné à toute
autre chofe, qu'à faire ce fracas.*

riture, fans autre motif, fi ce n'eſt que ces chardons font du crû de leur *chère Patrie*; j'entens par là ces pauvres inno-cens qui ont la ſimplicité de ſacrifier leurs meilleures années & leurs talens dans un ſervice ingrat, dont ils ne tirent dans leur vieilleſſe d'autre conſolation que celle de manger avec des dens uſées un morceau de pain ſec, dont la farine a été moulue au même moulin d'où leur de-funt Grand - Père tiroit auſſi la ſienne. L'Amour de la Patrie, ce grand reſſort des plus belles actions dans les Conſti-tutions républicaines, n'eſt chez les gens dont nous venons de parler qu'un pur effet de leur découragement (h).

C'eſt

(h) *Ce découragement d'une certaine Claſ-ſe de ſerviteurs eſt* la boëte de Pan-dere *pour un Etat, & dénote à coup ſûr un Gouvernement vicieux. De là vient que les abus introduits demeurent ſans remède, & qu'il en naît continuellement de nouveaux. Le nombre des Méchans & des En-nemis du Bien public s'accroit par là.*

Cha-

C'eſt un préjugé dont ils n'examinent
ni le fondement, ni ce qui le peut détruire, une maxime pernicieuſe à l'E-
tat, la fille de la ſuperſtition, la mère
de l'oiſiveté, une théſe qu'on devroit
combattre dans toutes les Chaires, &
cher-

*Chaque bon Serviteur, perſuadé que
les efforts qu'il feroit pour prevenir la
perte du Prince & de l'Etat ſeroient
inutiles, laiſſe aller les choſes comme
elles veulent, pour ne pas s'attirer ſans
fruit ſur les bras des ennemis auſſi puiſ-
ſans & auſſi dangereux que le ſont ordinairement ceux qui ſe trouvent à la
tête de l'Adminiſtration publique.
Inſenſiblement les uns & les autres
s'accoutument à regarder a qui apartient au Prince & à l'Etat comme un
Bien abandonné au pillage.*

*L'unique & le plus efficace remède
à cela eſt une diſtribution juſte & pro-
portionnée de peines & des récompenſes, ſelon le mérite, la capacité, & les
ſervices réels de chacun.*

chercher même à en guerir la jeuneſſe dans toutes les écoles (i), parce qu'elle fer-

(i) *Il faut entendre prêcher ſur cette ma-*
tière le Baron de BAAR (*),

Ce grand Dieu qui créa toutes les
Nations
Qui voit avec horreur nos laches Factions,
A-t-il jamais profcrit l'amour de la *Patrie,*
Vertu ſouvent injuſte, & folle idolatrie ?
En termes clairs & nets a-t-il dit aux
Chrêtiens :
Combattez en Heros, ſoiez bons Citoyens :
Mourez pour le Païs où vous prites naiſ-
ſance,
Et ſacrifiez tout à ſa juſte défenſe?
Non. Dieu n'eſt pas cruel; c'eſt *l'amour*
du Prochain
Que le Sauveur enjoint à tout le Genre
humain.
Si pour *Jeruſalem* il verſa tant de lar-
mes,
Du terrible *Romain* détourna - t - il les
armes ?

N'a-

(*) Epitres div. T. I. Ep. XI. A ma Patrie
v. 59. & ſuiv.

ferme l'entrée d'un Païs à toutes les expériences qu'on peut tirer du déhors, & qu'en infpirant à une nation une fotte prévention de fes prérogatives, elle la rend méprifable vis - à - vis des Etrangers, & lui fait confidèrer comme feuls bons Patriotes ceux, qui, fidèles à l'ancienne routine, n'ont garde de s'embaraffer du foin de remèdier aux abus de l'Etat. Ces Enfans finguliers de la Patrie Germanique font affez bons, & affez fous (car il n'eft pas poffible de leur accorder qu'ils agiffent par nobleffe de fentimens) pour confumer tranquillement chez eux leur

K 2

Patri-

N'abandonna - t - il point aux fureurs des Soldats
Cette ingrate Cité qui ne l'écoutoit pas?
Mais par bonnes raifons finiffons ce langage,
La Terre eft au Seigneur, en faut - il davantage?

Un Lecteur curieux peut lire l'Epitre citée toute entiere avec les notes. Mr. de BAAR *ne permet qu'à l'Anglois d'adorer fa Patrie.*

Patrimoine & le Bien de leurs Femmes & de leurs Enfans, dans la crainte, s'ils cherchoient du Service ailleurs, qu'on ne les oublie dans leur Patrie, ce qu'ils envisagent comme le plus grand malheur qui puisse arriver à un homme dans ce monde. Laissons les dans une erreur qui leur est si chère. Ni plus ni moins on ne réussiroit pas à les en désabuser. *Salomon* & *Sirach* n'y feroient que de l'eau claire. Ces esprits prévenus repondroient toûjours : *Cela ne se peut autrement.*

Aprés tout ce que j'ai dit jusques ici sur la matière des apointemens, je juge à propos de déterminer plus précisément une différence à faire entre les serviteurs - mêmes. Je le repète : en général on doit donner à chacun des apointemens suffisans. Mais les riches apointemens doivent sur tout être accordez aux principaux Ministres, & aux Chefs des Collèges. Les dépenses que leur Dignité exige sont beaucoup plus considérables, leurs travaux plus difficiles, leurs services plus impor-

portans; il eſt juſte que leurs recompenſes ſoient plus grandes à proportion.   Un Souverain qui a formé le
deſſein de bâtir un chateau ſuperbe ſelon toutes les règles de l'Art fait venir
de Païs lointains des Architectes & des
Artiſans, & perſonne n'eſt ſurpris qu'il
leur accorde de gros apointemens &
d'autres graces.   En doit-il moins faire pour ceux qui ont arrangé tout le
Plan du Gouvernement, qui en ont
élèvé l'Edifice, & qui en ſont les a-
puis (k).

K 3

II

(k) *Cela eſt trés-juſte, en ſupoſant que
les Miniſtres, & autres Serviteurs qui
rempliſſent les prémiers Emplois ſont
des gens éclairez, laborieux, & fidèles.
Et comme dans ce cas les recompenſes qu'on leur accorde font honneur au
Prince & qu'il en reſulte auſſi de l'utilité pour l'Etat, de même dans le
cas contraire, ceux qui, placez dans
les prémiers poſtes, abuſent de la confiance du Souverain, & qui bien loin
d'établir & d'affermir un bon plan*

de

Il y a une autre confidération à faire touchant une certaine efpèce de Miniftres. Le Sr. *de la Friponière* a dejà affiché fon nom à la potence du Public par mille tours méprifables, & par les plus baffes trahifons; tout ce qui vient de lui eft regardé comme marchandife de contrebande; il offre par tout fes fervices, & on le fuit comme un lépreux. Il eft abimé de dettes, & tout difpofé à vendre fa Religion, l'unique chofe qui lui refte, mais perfonne ne veut acheter une confcience auffi fouillée de crimes. Un trifte hazard le fait conoître à un Prince, qui, pour remplir

de Gouvernement, en fappent les fondemens, & reduifent après quinze ou vingt années d'adminiftration le Prince & le Païs à des extrèmitez, dures pour les fujèts, & dés-honorantes pour celui qui regne, doivent être punis exemplairement, non feulement, parce qu'ils le méritent, mais auffi pour fournir à ceux qui leur fuccèderont dans les premiers Emplois matière à des reflexions falutaires.

plir fes vûës, voudroit avoir un ferviteur de ce calibre. *La Friponière* n'ignore pas qu'il va combler fon infamie,
mais il eft incertain fi fon fervice auprès de ce Prince durera davantage
que celui qu'il avoit auprès de fon Maître précèdent. Il voit quelquefois en
rève des Gibèts, & conçoit la poffibili-
té d'être enfermé dans un cachot le refte de fa vie. Ils fe marchandent l'un
l'autre. *Vingt mille florins par an, Mon-*
feigneur, ce n'eft pas trop pour être damné
à coup fûr, je ne faurois le faire à meilleur
marché. Ils s'accordent enfin, & le
Prince livre à ce miférable fon Païs,
comme on remet un Malfaiteur à un
Bourreau auquel on paye davantage
pour appliquer le troifième dégré de la
queftion, que pour ferrer fimplement
les pouces (1).

K 4

Je

(1) *Je ne ferai aucune Remarque fur ce*
Paragrafe, parce que je ne crois pas
que le cas puiffe exifter autre part que
chez des Nations barbares. Le moyen
de penfer qu'un Prince Chrêtien, qui
n'eft

Je place après les Miniſtres & après les Chefs de Collège certains Subalternes dont les Emplois ſont trés - importans, & qui par cette raiſon méritent de riches apointemens préfèrablement à d'autres. Tels ſont ceux qui travaillent dans le Cabinet, les Referendaires, les Sécretaires d'Etat et Privez. On doit mettre la fidèlité & le ſecrèt de ces ſerviteurs là hors du péril de la tentation en leur fourniſſant un Entretien qui prouve la reconoiſſance du Prince. Cela anime leur aplication & la rend plus agiſſante. Je compte dans la même Claſſe, les Archivaires, ceux qui ſont

n'eſt pas ſûr ſi d'un jour à l'autre il ne ſera point apellé à comparoitre devant le redoutable Throne de Dieu, pour y rendre compte de ce qu'il aura fait pour le bonheur d'un Peuple, dont la Providence lui a confié le Gouvernement, veuille ou puiſſe ſe reſoudre à abandonner de gayeté de cœur & avec conoiſſance de cauſe ce même Peuple aux vexations d'un ſcélèrat, avéré pour tel.

font chargez de déduire les Droits de la Maifon, les Miniftres fubalternes qui travaillent au logis, pendant que les Excellences font & reçoivent des vifi-tes, ou font à la Cour, ou examinent en gros les affaires confidérables, que les prémiers font obligez d'éplucher enfuite & de mettre au clair en entrant dans le détail. Quelques confidérables que foient les apointemens qu'on don-ne aux principaux Miniftres, une Cour fera toûjours mal fervie, lorsqu'elle voudra faire des épargnes fur cette fe-conde claffe dont je viens de parler. Et cependant il n'eft que trop vrai qu'à cet égard on regarde au bon marché & qu'on croit que ces poftes peuvent être confiez à des aprentifs, quoiqu'il foit également certain qu'il eft plus fa-cile de trouver un Confeiller aulique propre à être placé fur le Banc favant, qu'un bon Secrètaire d'Etat, ou un homme, auquel on puiffe confier les Archives.

Je ferai encore mention d'une autre efpèce particulière de Serviteurs. Ce font des gens extraordinaires, qui fe

vantent de fervir le Maître *gratis*. On
ne fauroit nier qu'a cet égard les Princes ont un avantage fur le refte des
hommes, c'eft qu'ils ont la prérogative
de s'aquitter avec des Titres, & des marques d'honneur, au lieu que nous autres Particuliers fommes dans le cas de
payer tout à beaux deniers comptans.
Je n'y trouve rien à redire quant aux
fervices de Cour. On peut bien laiffer
fa marotte au Fou, qui trouve du plaifir à fe ruiner, & fes Enfans auffi, pour
briller dans l'Antichambre (m) (*).

Mais

(m) *C'eft là une folie dont on guérira
difficilement la Nation germanique,
fur tout ceux de nos bons Compatrio-
tes qui fe trouvant du bien ne fe fentent aucune capacité pour être em-
ploiez*

(*) Ils favent s'acheter du bien de leurs
Ancêtres
Des noms extravagans, & fouvent
de fots Maitres.

Epitr. div.
Alleg. de l'Auteur.

Mais quand un de ces gens dignes de suplice, qui forgent au Prince des Pas-

ploiez à quoi que ce soit, & cette folie va loin. Celui qui n'a absolument aucun emploi recherche un Titre, & l'achette selon ses facultez. Ainsi l'on voit des Secrètaires, & des Conseillers de toute espèce, de Justice, de la Chambre, Auliques, de Régence, Privez-même, qui quelquefois ne savent pas pas écrire six lignes, sans y heurter le bon sens, & faire autant de fautes d'Ortografe qu'ils écrivent de mots. La manie s'étend sur ceux qui sont employez. Le Chancelliste veut être apellé Secrètaire, le Secrètaire Conseiller, &c. Tous ces gens payent à proportion du grade qu'ils aquiè-rent. Et qu'aquièrent ils dans le fonds? Je vais le leur dire par charité, & tacher, au moins autant qu'en moi est, de leur ouvrir les yeux sur leur sottise, & tacher de les en faire revenir. Ils aquièrent le droit de se faire méprifer des gens de bon

sens

Paſſepartout pour les Caiſſes de leurs
ſujèts, un Conſeiller privé de la Chatoulle (n), ſe vante publiquement de
ſer-

*ſens & d'être en butte à tous les traits
des Moqueurs. Si cette Marchandiſe
leur plait pour leur argent, il n'y
a aucun mal à les ſervir à leur fan-
taiſie.* Volenti non fit injuria.

(n) *Monſr. de* MOSER *entend ſans doute par Conſeillers privez de la chatoulle ces Donneurs d'avis, qui ſans
ceſſe occupez à découvrir quelque au-
baine à prendre pour en avoir leur
part, communiquent à ceux qui ont
l'adminiſtration de la Chatoulle* (*)
*tous les moyens propres à arracher
quelque argent de tel ou de tel, ſans ſe
mettre eu peine ſi cela ſe peut faire
avec juſtice ou non. Il ne faut pas
confondre avec ces blamables Donneurs d'avis intérreſſez, ceux qui
par un zèle détaché de toute vûë par-
ticu-*

(*) Nous avons déjà dit autre part que la
Chatoulle eſt la Caſſette particulière du
Prince.

fervir le Maître fans apointement &
purement par affection, je me fouhaitte
alors le bandeau de Themis fur les yeux,
pour n'avoir jamais le chagrin de voir
un Gibèt dégarni (o).

Je

*ticulière indiquent à ceux qui font
chargez des interéts de la Chatoulle
les cas ou ce département peut exiger
quelque chofe légitimement. Ces der-
niers ne font que leur devoir.*

(o) *On a vû des gens entrer au fervice d'un Souverain, qui en com-
mençant l'exercice de leur prémier
Emploi n'avoient que des Dettes, bien
loin de rien poffèder qui fut à eux.
On a vû les mêmes gens, parvenus à
la Direction abfoluë de la Chatoulle
& d'autres départemens fe porter dans
trés - peu années pour Créanciers du
Prince pour des fommes confidérables
qu'ils prétendoient avoir avancées au
Souverain, ou procurées fur leur propre Credit. Un Serviteur honnète-
homme & affectionné de Cœur à fon*

Mal-

* * *

Je m'étois proposé de joindre à cet ouvrage encore deux déductions. L'une

Maître pourroit bien, comme Monſr. de MOSER, ſe ſouhaiter un bandeau ſur les yeux, ſi ce n'eſt pour n'avoir pas le chagrin de voir le Gibèt dégarni, au moins pour ne pas être en quelque façon témoin de ménées ſi indignes. Ceci me rapelle un fait que je crois être ici à ſa place. Un Favori qui, entrant à la Cour n'avoit pas un ſol de bien, ſurchargé d'Emplois, fait nommer Probus, connu par ſon intégrité, pour lui ſuccèder dans la Direction d'un certain département. Le Favori, en quittant cette Direction, avoit délivré les Comptes de ſa geſtion dans ce Département, en vertu desquels il formoit une Prétenſion de 30000 fl, qu'il diſoit avoir avancé. Les Comptes furent trouvez juſtes. Quel Reviſeur eſt aſſez maladroit

L'une auroit eû pour objèt les Droits & les offices reciproques du Maître & du

droit pour trouver des erreurs ou de la malverſation dans les Comptes d'un Favori? On paya. Probus *fut installé.* Un des *ſubalternes du même département vint faire Compliment au nouveau Chef en ces termes:* Je viens, Monſieur, feliciter Vôtre Excellence de ſon nouvel Emploi. Si Elle veut me laiſſer faire ſes Comptes comme j'ai fait ceux de ſon Prédéceſſeur, (*qui NB. étoit encore à la Cour & toûjours tout-puiſſant*) j'oſe lui promettre qu'au bout d'une année ou deux Elle aura auſſi 30000 fl. à prétendre. Probus *ſurpris, & trés-reſolu de ſe défaire d'un ſubalterne de cette eſpèce, remercia ce Fripon de ſa bonne volonté & alla tout de ſuite informer le Maître & ſon Prédéceſſeur du compliment ſingulier, comptant bien que tout au moins ce ſubalterne infidèle ſeroit chaſſé avec ignominie.* Il n'en fut

du Serviteur l'un envers l'autre. La
feconde auroit traité des Serviteurs particulièrement deftinez à l'Adminiftration des Revenus de l'Etat (p). Mais les
bornes que l'Editeur a prefcrites au
nombre de feuilles dont ce petit Livre
eft compofé me forcent de finir ici &
de

*fut rien. Le Favori protegea le Four-
be & tout ce que Probus pût obte-
nir avec beaucoup de peine, fut qu'on
l'ôteroit du Département, dont ce
Chef intègre venoit de fe charger.*

(p) *Nous fouhaiterions bien que le Li-
braire n'eut point gêné Monfr. de*
MOSER. *Permis à fa modeftie de tenir
tel Langage qu'elle trouvera bon. Pour
nous qui fommes convaincus que le
Public fera toûjours une perte réelle,
quand il fera privé de ce qu'une fi
excellente Plume eft capable de lui
donner, & trés-perfuadez que tout
Lecteur judicieux penfe de même fur
cet Article, nous nous propofons de
livrer à la Preffe au prémier jour la
tra-*

de renvoyer l'execution de mon deſſein
à quelque autre occaſion qui pourra naître, & quand cela n'arriveroit pas le
public n'y perdroit guères.

traduction d'un livre qui a pour tître
𝕭𝖊𝖍𝖊𝖗𝖟𝖎𝖌𝖚𝖓𝖌𝖊𝖓, *à la verité ſans pou-*
voir aſſûrer que Monſr. de MOSER
en ſoit l'Auteur, mais parce que cet
Ouvrage paroit découler des mêmes
principes qui ont fait l'Objèt de celui-
ci. Nôtre Traduction portera pour
tître CONSIDERATIONS POLI-
TIQVES INTERESSANTES, *&*
nous exècuterons cette promeſſe déſ-
que le SVPLEMENT *au préſent*
Tome ſera ſorti des mains de
l'Imprimeur.

F I N

SUPLE-
MENT.

SUPLEMENT

AU TOME TROISIEME.

I.

Nous avions commencé dans les Remarques sur le premier Tome d'indiquer les endroits où la Traduction de Monsr. ROQUES ajoute quelque chose à l'Original, ou en retranche quelque Article. Cela interrompant nôtre Ouvrage nous avons renvoyé le reste de ces Variations au présent Suplément. Les voici.

AD-

ADDITIONS

DE MONSIEUR ROQUES

AU TEXTE DE L'ORIGINAL.

Les pages citées font celles de la Traduct. de Monfr. ROQUES.

(p. 140. & fuiv.) CAMHI, Empereur de la Chine, mort en 1722. a fait un Teftament, qui depuis a été conu en Europe. Il s'y dit heureux d'avoir employé des fommes confidérables, à faire des nouveaux Aqueducs, des étangs, des digues, des chemins, &c. & il compte que ce qu'il a dépenfé à bâtir fes Palais, n'eft pas la centième partie de ce qu'il a employé à l'avantage & pour la commodité de fes fujèts. Que tu ferois heureufe, ma Patrie, de pouvoir compter aujourdhui plufieurs *Camhi* parmi des Souverains!

(p. 147. & fuiv.) Texte: *On juge d'un Prince par la prudence qu'il a fait paroître dans le Choix de fes Officiers.* Addit. De là vient que *Jean Huarts*, Me
de-

decin & Philosophe Espagnol (*), étoit
d'avis qu'on établit dans tous les Etats
certains Juges, qui, après un mûr examen destinassent chaque génie à l'Emploi pour lequel ils lui trouveroient le
plus de talens & de capacité.   Car il
n'en est aucun, qui ne soit propre pré-
férablement à une sorte de science, ou
d'occupation, qui sera précisèment celle, où il pourra se distinguer, & se
rendre véritablement utile.

(p. 149.) Texte: *L'Ordonnance du
Prince & ses Negociations sont fort peu
considérées.* Addit. *Summa igitur &
perfecta gloria*, dit Ciceron (*), *constat
ex his tribus: si diligit multitudo; si fidem
habet; si cum admiratione quadam honore
dignos putat.*

(ibid.) „ *Si le Prince lui-même n'a
beaucoup de mérite*, dit l'Abbe D U G U E T, *il
ne sait ce que c'est qu'un grand mérite. Il faut*
L 4

qu'il

(*) Examen des Esprits pour les sciences. Paris, 1650.

(*) *De Offic.* Lib. II. c. 9.

qu'il ait le prémier les qualitez qu'il cher-
che dans les autres, & qu'il foit encoce plus
parfait que les amis qu'il fe veut affocier,
pour les démêler dans la foule & pour les
attirer. Devant un homme de peu d'e-
fprit, tout eft égal: & devant un homme
médiocre tout eft de même taille que lui.
Le difcernement & le goût font des quali-
tez rares; & le clinquant pour de certains
yeux brille bien plus que l'or. ,, Inftitut.
d'un Prince, *Part. I. Chap. XIV. p.* 150.

(p. 150. & fuiv.) Ce n'eft pas affez pour former un grand homme, que
de le placer dans un pofte élevé; un petit génie n'en paroît que plus petit &
plus méprifable. Il en eft de lui comme d'une ftatuö, qui à rafe - terre auroit paru d'une grandeur médiocre,
mais qui placée fur le pignon d'un bâ-
timent fort élevé ne paroît plus que
comme un Pygmée.

Cela n'eft pas moins vrai encore à
l'égard des Emplois du fecond & du
troifième ordre qu'à l'égard de ceux
du premier rang. La comparaifon que
So-

Socrate faifoit, tirée de l'art de fa mère qui étoit Sage-femme, eft parfaitement appliquable ici. *Quelque habile accoucheufe qu'elle foit,* dit-il, *elle n'acouchera cependant jamais de femme, qui n'ait été enceinte auparavant.* Il eft tout auffi peu poffible de tirer des conoiffances & de la capacité d'un homme dans l'ame de qui la nature n'en a pas placé les prémières femences.

(p. 154.) Poft verba: *quelle prodigieufe varieté?* Addit. La Reine CHRINE de *Suède,* cette femme fi grande & fi extraordinaire, s'exprime dans la Lettre de condoléance, qu'elle écrit à Madame *Grotius,* fur la mort de fon Epoux, d'une manière qui fait fentir tout à la fois fa reconoiffance & le cas qu'elle faifoit des grands hommes: „ *Si l'or & l'argent,* dit-elle (*), *pouvoient contribuer quelque chofe à racheter une fi belle vie, il n'y auroit rien en mon pouvoir, que je n'employaffe de bon cœur pour cet effèt.* „

L 5

(p.

______
(*) Mémoires de CHRISTINE, T. I. p. 80.

(p. 180.) Combien n'arrive - t - il pas même souvent, qu'on ne confie un Emploi important & lucratif à un homme, qui ne l'a pas mérité, que parceque le Prince & son Ministre savent parfaitement qu'il est convenu lui - même de son insuffisance, & que dés-lors il envisagera l'honneur qu'on lui fait, comme une grace si signalée & si peu attendue, qu'il pliera d'autant plus servilement sous tous les ordres qu'ils lui donneront, & qu'il ne s'émancipera pas à contredire, quand même les bornes de son esprit ne l'en empêcheroient point.

(p. 239. & suiv.) Un Ministre qui est persuadé d'avoir la conscience nette, des vûës droites, une conduite irreprochable, & d'avoir eû dans l'exercice de son emploi toute la précaution & la fidélité nécessaires, entend sans inquiètude la voix de la calomnie qui s'élève, pour criminaliser ses démarches en particulier & en public. Les *Ministres nocturnes*, qui ne paroissent que lorsque le Prince se fait déshabiller pour se mettre au lit, ont entendu parler de cette maxixime, & s'imaginent d'être dans le cas qu'elle exprime.   Ils s'arment d'une autre forte de tranquillité, qui ne resfemble pas mal à l'impudence, qui leur fait méprifer également les avis qu'on leur donne, les exhortations qu'on leur fait, & le mal qu'on dit d'eux avec raifon.   Le langage qu'ils tiennent eft celui de gens défefpèrez.

(p. 253. & fuiv.) Il feroit à fouhaiter pour eux, (*Miniftres d'une certaine efpèce*) d'être préparez pendant quelque tems à donner audience, en voyant la manière avec laquelle s'y prend le Sécrètaire d'Etat en *Portugal.*   Voici ce qu'on en raporte (*): „ *La manière dont ce Miniftre donne audience au Public a quelque chofe de fi fatigant pour lui, qu'il a befoin d'une tête de fer pour y refifter.   On laiffe entrer les perfonnes un peu favorifées dans deux chambres du Sécrètaire d'Etat, qui en fortant de fon Cabinet,*

a

______

(*) *Memoires inftructifs pour un Voïageur*, T. I. p. 76.

a la bonté de parler à chacun assez au long.
On ouvre ensuite la porte qui communique
au passage du Palais, dont toutes les ave-
nuës sont aussi remplies de monde, que les
ruës de la foire St. Germain à Paris le font
dans les beaux jours. Les uns retiennent
le Sécrètaire d'Etat par son mantéau,
d'autres par la manche de son habit, ou
par sa grande épée Portugaise. Il donne
à un chacun des réponses fort gracieuses;
il prévient même les personnes de quelque
considération, qu'il aperçoit sur son chemin,
& qui ont à lui parler; il sait même s'exprimer dans des termes, où les assistans ne
peuvent rien comprendre, excepté celui à
qui il addresse la parole, qui sachant dequoi
il s'agit en pénètre aisément le sens. Le Sécrètaire d'Etat ainsi tiraillé de tous côtez
se rend enfin chez le Roi. Cette pénible
marche dure quelque fois une heure entière,
& le vénérable Vieillard ne commence à
respirer que lorsqu'il arrive à la Sale des
Cavaliers, qu'on nomme en ce Païs-là les
Fidalgos. C'est dans ce lieu que la Nobles-
se, qui a à lui parler l'attend debout, car il
n'y a ni chaise ni tabouret, ni aucune
espèce de siège dans les apartemens du Roi,

où

où personne ne peut s'asseoir, non pas même le Sécretaire d'Etat, qui écrit à genoux devant son Maître, ce qui est bien fatigant pour un homme de son age. „

(p. 259. & suiv.) Ce qui fait de plus le bonheur d'un Gouvernement, c'est que le Souverain s'attache ses Miniftres de façon qu'ils fervent avec plaifir.

Il eft déjà dur en foi - même de fervir (*). La plûpart des fervices ne font pas récompenfez dans le monde à proportion de leur valeur. Souvent même il arrive que ceux, qui font l'ouvrage le plus difficile & le plus important, ont le moins d'apointemens, & ont à fe feliciter de les toucher exactement. Car les recompenfes extraordinai-

(*) Le pain qu'on doit manger au fervice
d'un Grand
Eft toûjours bis & dur, fut-il & ten-
dre & blanc.

Epit. div. de Mfr. de B A R. To. I.
Ep. VII. v. 11. & 12.

naires font rarement le partage des Gens d'affaires.

Un Prince qui s'imagine, que ceux qui le fervent ne font au monde que pour lui, & doivent fe trouver fort heureux *d'ofer le fervir*, n'eft pas digne d'avoir des gens de mérite a fon fervice.

Car autant qu'il eft heureux pour un homme, qui penfe bien, d'avoir à fervir un Maîtrre gracieux, autant un Prince a - t - il raifon de le reconoître, & de mettre entre ce Miniftre & tel autre de moindre mérite affez de différence, pour que perfonne ne foit tenté de croire qu'il eft indifférent qu'on le ferve fidèlement & avec zèle, ou d'une manière opofée.

La plûpart des hommes ne fervent que par ambition, par avarice, ou par néceffité.

Un Prince, qui feroit enforte, qu'on le fervit autant par affection que par interêt, feroit en état de faire plus avec quelques hommes de mérite, que d'autres avec tous leurs Confeils.

Si

Si l'on croit dans le train ordinaire de la vie, qu'un homme réüffit beaucoup mieux dans l'art que fon penchant & fon génie lui ont fait embrasfer, qu'il ne feroit dans toute autre vocation, que la crainte de mourir de faim lui auroit fait fuivre, cela n'a pas moins lieu dans le Miniftère.

Une bonne penfion, des manières gracieufes, quelques petits mots obligeans, de petites douceurs, dont un Prince eft à portée de régaler ceux qui le fervent, font un grand bien; car on ne travaille qu'avec peine, lorsqu'on eft accablé des foucis de la vie; & des mines refrognées n'encouragèrent jamais.

Cependant cela ne fuffit pas encore à des Miniftres pleins d'honneur, aimans réellement leur Prince & attachez de cœur à fes véritables interéts.

L'on ne fert avec un vrai plaifir que lors qu'on voit fes Confeils fuivis fans répugnance, & non feulement en partie de tems en tems, mais génèralement

en

en tout ce que l'on a reconu être bon & vtile.

On ne peut que servir avec joie, lorsque le Prince vous soutient dans les fonctions de vôtre Charge, & ne permet pas que des gens, qui n'ont rien à y voir, s'y ingèrent, vous causent des embarras, & vous embaraffent finalement.

On fert encore avec plaifir, quand le Prince s'applique lui-même aux Affaires. Il n'y a que des gens fans probité & pareffeux, qui foient charmez que le Prince renonce à toute efpèce de foins, & aime mieux s'entretenir avec fes chiens & fes chevaux, qu'avec fes Miniftres & fes Confeillers. Travailler fous les yeux de fon Maître, & être fûr qu'il ne lui importe pas également peû qu'une chofe fe faffe ou ne fe faffe point, c'eft pour un honnête-homme un enconragement auffi fort, que c'en peût être un pour un Soldat de combattre fous les yeux de fon Génèral.

Mais

Mais tout cela fupofe qu'un Prince foit en état de juger du vrai mérite, & de l'aprécier. C'eft une conoiffance qui ne s'aquiert pas comme celle des bijoux, ou des ouvrages de la nature & de l'art. Pour bien juger du mérite d'autrui il faut en avoir foi même.

(p. 266. & fuiv.) Il eft de plus certain qu'un homme, qui craint de s'être attiré la difgrace de fon Prince, ne fait plus dés - ce moment - là fon ouvrage qu'à demi, & perd en quelque forte fes talens naturels. Pendant qu'un regard gracieux, & la faveur du Maître bien conftatée, donnent à un homme d'une capacité médiocre des talens angéliques. La confiance que fait naître en lui l'idée de celle dont fon Prince l'honore, élève les facultez de fon ame & le rend capable de beaucoup. A peu près comme une plante, qui, tirée de l'ombre qui la couvroit, n'eft pas plûtôt expofée au rayons du foleil, qu'elle croît rapidement, & amène à maturité des fruits, qu'elle n'auroit jamais produit fans cela.

Tom. III.　　　**M**　　　(p.

(p. 270. & fuiv.) Qu'il feroit à fouhaiter pour l'honneur de ma Patrie, que nous puffions faire l'énumèration d'un grand nombre de Souverains, qui penfaffent auffi noblement fur l'acquifition & la confervation de leurs Miniftres, que le faifoit la Reine CHRISTINE, écrivant à Mr. *Sarrau* Confeiller au Parlement de Paris: „ *Vous vous êtes donné à moi; je vous dirai que c'eft avec joie que je vous accepte au nombre des miens, & ce* fera dorénavant avec vôtre permiffion que je me vanterai de cette acquifition. *Je vous prie de croire que j'uferai du droit que vous m'avez donné fur vous avec la referve & la difcrètion, que je dois avoir pour un homme de vôtre mérite; & je ne vous ferai jamais fentir combien je vous fuis abfoluë, qu'en commandant de changer la qualité de* Serviteur *en celle d'ami. C'eft en cette qualité que je vous accepte entre les miens, & c'eft à ce feul égard que je prétens d'exercer le pouvoir que vous m'avez donné.* „

(p. 302. & fuiv.) L'on raconte un trait de Mfr. *de Lionne*, Miniftre d'Etat

en

én France, qui montre combien il pen-
foit noblement fur ce fujèt (*fur le choix
& l'encouragement de jeunes gens, qui ont
des talens*).   Mfr. *de Pomponne* devoit
être envoyé en *Suède*, le Miniftre le
chargea de dreffer lui-même fes inftructions, & il s'en acquitta avec tant d'
habileté, que le Roi, qui les croioit être
l'ouvrage du Miniftre, lui en fit compliment, en lui difant que pour le coup
il s'étoit furpaffé.   Mr. *de Lionne*, trop
génèreux pour profiter de l'erreur du
Roi, lui repondit auffitôt qu'il ne vouloit pas tromper Sa Majefté, que les inftructions étoient de la compofition de
Pomponne.   *Bon*, dit le Roi, *c'est un
homme dont nous pourrons nous fervir un
jour.   Je fuis charmé que vous me l'ayez
fait conoître* (*).   Auffi cette circonftance ne contribua - t - elle pas peu a faire
nommer Mr. de *Pomponne* Séerètaire
d'Etat, après fon retour de *Suède*.

     (p. 232. & fuiv.) Il y a une grande
différence entre un *fimple Receveur* & un
M 2   Fi-

____

(*) Voyez ce qu'en difent les Memoires d'*Ar-
naud*, T. III. p. 117.

Financier. Il ne faut au prémier que de l'ordre & de la fidélité, mais le second doit avoir une Conoiſſance profonde & ſiſtémaſtique de la partie économique de l'Etat, pour l'apliquer convenablement aux cas particuliers, qui ſe préſentent dans le Païs. Il y a bien peu de Cours en Allemagne, où l'on trouve des ſujèts dignes d'être nommez *Financiers.* Ou ce ſont des gaſcons, des impudens, qui voient de ſang froid le ſujèt mourir de faim, pourvû que le Prince amaſſe, ou ait dequoi prodiguer; ou ce ſont de ſimples Teneurs de compte, ſatisfaits pourvû que ceux qu'ils dreſſent ſoient juſtes, qu'il rentre autant une année que l'autre, qu'il n'y ait point d'article dans les recettes qui vienne à manquer & point d'arrérages. L'emploi & la multiplication des Productions du Païs, l'art d'encourager l'induſtrie & le travail des Sujèts, l'habileté à procurer de l'ouvrage à quiconque veut s'occuper, de ſorte qu'il n'y ait pas même d'impotens & d'enfans dés-œuvrez, ſont tout autant de miſtères pour eux.

(p.

(p. 362. & fuiv.) Un Prince qui exige que quelqu'un emploie fon tems, fes peines, & fes forces à fon fervice, fans l'en recompenfer, eft tout auffi injufte, que celui qui achète des marchandifes à credit, fans vouloir les payer. Encore trouveroit-on peu de Marchands, qui faffent un credit affez confidérable, auffi long, & auffi génèreux, que bien des Courtifans, qui offrent leurs fervices, preffent même de les accepter, fans avoir aucune certitude d'en être jamais recompenfez.

(p. 396. & fuiv.) Il y a des Princes, (& Dieu ait pitié de leur Païs) qui corrompent même leurs Miniftres & leurs Confeillers, pour qu'ils leur procurent toûjours ce qui leur eft néceffaire pour leurs folles dépenfes, fans fe mettre en peine où ils trouveront encore une fource où il y ait à puifer. Je ne puis le prouver plus fortement qu'en me fervant des expreffions de la Reine CHRISTINE *de Suède* écrivant en 1678. à fon Confeiller Pro-

vin-

vincial & Premier Commiſſaire (*):
,, *Soyez certain, que pour vous maintenir en mes bonnes graces dant le point où vous êtes, il ne faut que m'envoyer de l'argent & me servir fidèlement; car quoi qu'on puiſſe me dire pour ou contre vous, ce ne ſont que vos propres actions & ſervices qui vous peuvent rendre de bons ou mauvais offices auprès de moi, outre que vôtre interêt eſt de me bien ſervir; car ſi je ſuis en état de vous faire des graces, il n'y a rien que je ne faſſe pour vous recompenſer de vos ſervices; mais quand je n'ai rien je ne ſaurois rien donner.* ,,*

Ce ſont là tous les Paſſages que nous avons trouvé dans la Traduction de Mr. ROQUES, qui ne ſont pas dans l'Original Allemand de Mr. de MOSER.

(*) Memoires de la Reine CHRISTINE, par Mr. *Arckenholz*, T. II. p. 167.

II.

ADDITIONS

AU NOTES DE L'ORIGINAL

TROUVEES DANS L'EDITION

DE MONSIEUR ROQUES

Les pages citées font celles de l'Edidition de Monfr. ROQUES.

(p. 138. & fuiv.) „*Il eft donc vrai & trop vrai, que peu à peu & par d'imperceptibles progrès, nous paroiffons gliffer vers nôtre ruine. Nous rions, nous chantons, nous jouöns, nous faifons bonne chère. Nous adoptons toutes les nouvelles modes, nous mordons à tous les appâts que nous tend une Nation rufée, qui ne s'étudie qu'à nous détruire, & dans l'incertitude du fort qui nous attend, nous nous aveuglons pour ne rien voir qui trouble nôtre fécurité. Au moins fi nous étions auffi innocens qu' aveugles! alors dans nôtre folle paffion d'imiter les mœurs des François nous reffem-*

M 4

blerions parfaitement à l'agneau, qu'a decrit Pope. „

Appreciation des mœurs *Angloises*
P. 153.

(p. 152.) *Quemcunque sapientiorem se ipso sciet, ultro invitabit, accersetque in Aulam.* Theophil. Instit. Reg. ad *Constantin.* Part. 2. c. 17.

p. 153. & suiv.) Il n'y a rien de plus dangereux pour un Prince, & dont les suites soient plus funestes & sans remède, que de n'avoir pas cette finesse de vûë, qui pénètre le véritable caractère de ceux qu'il veut employer, & démêle ce qui est réel de ce qui n'a que l'apparence. „*Car le vice*, dit Sénèque, *imite souvent la vertu, & on ne s'y trompe jamais sans danger.* „ *Vitia nobis sub nomine virtutum obrepunt: in his magno periculo erratur.* Senec. Ep. 45. D'où il conclud: *his certas notas imprime.* Et effectivement il faut y faire la plus grande attention, pour n'y être pas trompé, & sur tout à la Cour, où chacun se connoît, mais où chacun s'étudie à se cacher

cher au Prince, en affectant des dehors, dont il eſt preſque toûjours la dupe. Il n'y a point d'hommes plus dangereux, que ceux qui veulent tromper par l'aparence du bien. Le Prince eſt donc indiſpenſablement obligé à ne pas ſe laiſſer éblouïr par un extérieur, qui n'a pour but que de lui en impoſer, parce qu'il doit éviter d'être trompé, & cette défiance il ne ſe la doit pas à lui ſeul, mais à l'Etat, & c'eſt l'amour de ſon Peuple qui le rend précautionné.

(p. 155.) *In DEI manibus eſt, prudentem dare Cancellarium*, Eccleſiaſtic. C. X. ℣. 5. Il n'eſt pas douteux même, que quand un Prince a des intentions droites, & qu'il demande humblement à Dieu un homme de ſa main, pour lui ſervir de conſeil, le Seigneur le lui accorde. *L'ami fidèle*, dit le ſage fils de Sirach, *eſt un remède qui aſſûre la vie & l'immortalité, & ceux qui craignent le Seigneur le trouveront.* Ecclés. VI, 16.

(p. 203. & ſuiv.) „*Il eſt difficile,*„ remarque fort judicieuſement l'Abbé

DUGUET, „ *que tous les Ministres du Prince ayent le même mérite, la même étendue d'esprit, la même capacité pour les affaires, le même dégré de vertu, le même zèle, & il est juste par conséquent que la confiance du Prince soit mésurée sur l'inégalité des talens.*

Mais il y a une extrème différence entre une confiance plus grande pour qui la mérite, & une confiance sans bornes pour un premier Ministre. Il est du devoir d'un Prince éclaire de distinguer le mérite: mais un Prince eclairé ne se livre point. Il demeure pleinement le Maître, le Juge, & l'Arbritre de tous. C'est lui seul qui donne le mouvement à l'Etat: c'est de lui que partent les ordres; c'est devant lui qu'on rend compte de leur exécution, & l'unique différence entre un Ministre plus entendu, & un autre moins habile, est que l'un est employé par le Prince à des choses plus importantes, & que l'autre est appliqué à des affaires d'une moindre conséquence: mais c'est le Prince qui conduit l'un & l'autre, & qui leur marque leurs occupations & leurs soins. „ Inftit. d'un Prince, *II. Partie, Chap. XI. p.* 183. 184.

(p.

(p. 208. & fuiv.) „ *Depuis près de deux ans*, dit Mr. de la HODE, *le Parlement de Paris étoit fans Chef.   On ne lui en avoit pas donné, pour contenir par l' efpèrance ceux qui prétendoient le devenir. Enfin le Cardinal, pour rétablir fa reputation, & faire voir qu'il fçavoit diftinguer & recompenfer le mérite & la vertu, fe détermina à confier ce pofte important à un homme*, qui eût l'approbation de tous les gens de bien.   *C'étoit* Guillaume de LAMOIGNON.   *Ce choix fut applaudi, fur tout par la Reine, qui fçavoit que l'interêt n'y avoit point eû de part, qu'au contraire le Miniftre, dont elle conoiffoit l'avidité, avoit refufé dix - huit cent mille livres.* „ Hift. de la Vie & du Régne de LOUIS XIV.   *T. II, p.* 450. 451. *in* 4to.

(p. 232.) Le Roi de *Navarre* ayant reconu *Décour*, garçon trés - plaifant & trés - vaillant, lui demanda d'où il venoit, à quoi il répondit: *Oui*, & comme il continuoit toûjours de répondre *Oui* hors de propos à toutes les queftions qu'on lui faifoit, il dit enfin: *Sire, je dis toûjours* OUI, *parceque ce qui*

fait

*fait chasser les gens de bien d'auprès les
Rois, c'est pour ne pas proférer ce mot d"
OUI à toutes les demandes qu'ils leur font.,,*
Memoires d'*Agrippa d'Aubigné*, T. I. p.77.

(p. 243.) O que j'aime un Mor-
tel, qui jaloux de ses droits
Défend avec orgueil sa Patrie & ses Loix.
Qui, soit 'qu' un Oppresseur le menace
ou le flate,
Lui fait voir qu' il est homme & non un
Automate.

Epitres div. de Mr. de BAR. T. I. Ep. VIII.
au Comte de TUFIERE, p. 49. & suiv.

(p. 290. & suiv.) *,,Quand on apro-
fondit un peu les ressorts qui préparèrent ce
grand évènement, ,,* (l'élèvation de
CHARLES V. sur le Trône Impèrial)
*,, on trouve qu'il fut moins l'ouvrage de la
sagesse de* CHARLES - QUINT, *que de
l'imprudence de son rival* FRANÇOIS I.
*qui préférant un Favori à un sujèt utile,
confia la negociation la plus difficile de son
Règne à un homme, que sans imprudence
on n'auroit pas pû charger de la plus aisée.
Bonnivet avoit beaucoup d'esprit, mais
peu*

peu de jugement; il parloit bien, mais il raisonnoit mal; il souhaitoit passionèment la gloire de son Maître, mais il étoit trop inconsidéré pour la procurer. Son imprudence lui faisoit perdre les amis, que son honnèteté lui avoit acquis. Quoiqu'il conût les intrigues de Cour, il ignoroit tout-à-fait les détours de la Politique.. Sa vanité l'empêchoit de demander des Conseils, & sa présomption de profiter de ceux qu'on lui offroit. Pour avoir le plaisir de donner en Particulier génèreux, il se privoit de l'avantage de répandre à-propos en Ministre habile. La lenteur Allemande & le flegme Espagnol déconcertoient dans les affaires son génie ardent & précipité. Il lui manqua tout-à-fait la conoissance des esprits qu'il devoit manier, des intèrêts qu'il devoit concilier, des manœuvres qu'il devoit traverser. Bonnivet n'étoit qu'un Courtisan délié; & sa Comission auroit demandé un Negociateur parfait. „ Histoire de l'Elèvation de CHARLES-QUINT au Trône de l'Empire par Mr. l'Abbé Raynal. Dans l'Histoire de l'Academie Royale des Sciences & Bel-
les-

les-Lettres de BERLIN, pour l'an 1752.
p. 149. 150.

(p. 346. & suiv.) „ *A l'égard du
Secrèt, qui doit être inviolable, le Prince,*
dit l'Abbé DUGUET, *ne peut prendre de
trop grandes précautions. Quiconque eſt
ſoupçonné de n'être pas ſur ce point eſſentiel auſſi attentif, auſſi ſévère, auſſi impé-
nètrable, que le bien public le demande,
doit être exclus du Conſeil. S'il a malgré
ce défaut, quelques grandes qualitez on les
mettra à d'autres uſages : mais on ne déli-
bèrera jamais devant lui, ni devant ceux
qui ont des amis privilègiez, à qui ils ne
peuvent rien refuſer, ou qui croient être ſecrèts, parcequ'ils cachent une partie en
montrant l'autre, ou parcequ'ils ne parlent que de ce qui a été exècuté. Un homme
digne d'être conſulté par le Prince doit être
muet toute ſa vie ſur le Secrèt de l'Etat.
On tire des conſéquences d'une choſe à l'autre : & le plus ſûr eſt de ne parler non plus
du paſſé que du préſent, de peur de faire
conjeƈturer l'avenir.* „ Inſtitut. d'un
Prince, *Tom. II. p.* 143.

(p.

(p. 353. & fuiv.) On craint de mentir & d'en impofer à un Prince, qui écoute le délateur, pour examiner avec la dernière rigueur le raport qu'il lui fait, & qui fçait punir l'effronterie de celui qui lui en impofe, & l'injure qu'il lui fait en cherchant à le tromper, & à le rendre ou miniftre ou complice de fes vûës iniques. La juftice, le repos, & la paix feront toûjours exilées des Cours, fi des accufateurs clandeftins, enfans des ténèbres dont ils fe couvrent, font écoutez, fans aprofondir leurs accufations. De - là vient que DOMITIEN difoit, au raport de *Suetone* : que *le Prince qui ne châtie pas les délateurs, les encourage.* Princeps, qui delatores non caftigat, irritat. *Sueton.* in DOMIT. Cap. 9.

(p. 395.) Perfonne ne conoiffoit mieux fon Monde que le Roi CHARLES (d'Angleterre). Quelqu'un l'ayant un jour prié de recommander fon affaire au Comte d'*Effen* & au Lord *Hollis*, ce Prince répondit, qu'*il*

n'a-

n'avoit garde, parceque c'etoient deux esprits tout heriffez & intraitables. Le Supliant lui nomma deux autres Seigneurs : *Bon pour ceux - là ,* repliqua CHARLES, *ce font gens fans confcience & j'en viendrai facilement à bout.* Hift. d'Angleterre par *Burnet,* T. I. P. I. p. 283.

III.

III.

RETRANCHEMENS,

OU ARTICLES DU TEXTE ALLEMAND QUE
MONSIEUR ROQUES A OMIS DANS
SA TRADUCTION.

Le premier Chiffre indique la page de l'Edition
de Monſieur ROQUES.

(p. 170.) Tout l'Article qui dans
l'Original Allemand p. 172. commence
par Schlinkſchlank & finit p. 174. par
ces mots Daß er es als Cabinetscourier
oder Cammerhuſar noch höher gebracht
haben würde. Vous le trouverez entier
dans ma Traduction T. II. p. 99-101.

(p. 188.) Original, p. 194. Ein
ehrbarer Bauer in W. vsque er dürfte ſie
nur abſchaffen. v. ma Traduction T. II.
p. 159. & ſuiv.

(p. 216.) Il y a dans l'Original
p. 226. la parenthèſe (da mancher einhei-
miſcher Miniſter ſeit den Univerſitäts-Jah-
ren nicht weiter auſſer Lands, als in die

nächstgelegene Sauerbrunnen, gekommen iſt) omiſe par Mr. ROQUES, rétablie dans ma Traduction T. II. p. 229.

(p. 218.) Original, p. 229. depuis die allermeiſten, jusques à geheim gehalten wird, paſſage trés - vrai & trés - remarquable, omis dans la Traduction de Mr. ROQUES, rétabli dans la mienne, T. II. p. 233.

(p. 311.) Original, 323. 324. Ein klein aus einem Städtgen und vier oder fünf Dörfern beſtehendes Ländgen 2c. usque eben ſo ſicher geflickt worden ſeyn würden, rétabli dans ma Traduction T. III. p. 15.

(p. 391.) Original, p. 413. Weil der Titul von Canzley-Eſeln 2c. usque die mit Schlägen und Diſteln belebet werden, rétabli dans ma Traduction, T. III. p. 142. 143.

IV.

IV.

NOTES DE L'ORIGINAL
SUPRIMEES DANS L'EDITION DE MONSIEUR ROQUES RETABLIES DANS CELLE DE SOPHOMORE.

(p. 93.) voy. l'Original Allemand p. 101: Ein Reichstag ist ein langer Tag ꝛc. rét. dans l'Edit. de SOPHOMORE, To. I. p. 200.

(p. 198.) Orig. Allem. p. 207.

Tel, Miniſtre à la Cour, pour le bien
de l'Etat,
Fait en homme d'honneur des coups
de Scélerat.
Edit. de SOPHOM. To. II. p. 187.

(p. 200.) Origin. p. 210. *Si rem-publicam recta ratione geri viderem, &c.* Edit de SOPHOM. T. II. p. 189. & ſuiv.

(p. 308.) Orig. p. 320. Quand les hommes & les choſes &c. reſtit. dans

N 2

l'E-

l'Edition de SOPHOMORE, Tom. III.
p. 12.

(p. 357.) Original, p. 374. *Si quis
eſt*, ſagt Kaiſer **Conſtantin** ꝛc. usque:
Ita mihi ſumma divinitas propitia ſit.
Eod. Theod.   L'allegation étoit aſſez
importante pour ne devoir pas être omiſe.   On la trouvera reſtituée dans l'E-
dition de SOPHOMORE, To. III. p. 85.
& ſuiv.

V.

CONSIDERATIONS
GENERALES
SUR L'ETABLISSEMENT D'UN GRAND
CONSEIL DE HAUTE ET DE BASSE
POLICE RECOMMANDÉ DANS PLUSIEURS
ENDROITS DU PRESENT OUVRAGE.

Les *Confidérations* m'ont été fournies de bonne main c'eſt à dire, par une perſonne de Diſtinction trés - éclairée, & qui par ſes Emplois, & la Confiance dont un Souverain l'honoroit, à eû occaſion de voir de prés tant à la Cour, qu'à la Chancellerie & dans le Cabinet les abus qui y régnent, & de faire des reflexions ſolides ſur les moyens d'y remèdier.

Je crois qu'il convient d'établir avant tout quelques Principes d'où dé-couleront néceſſairement les éclairciſſe-mens qu'on ſe propoſe de donner ici.

PREMIER PRINCIPE.

Tout ce qui a pour objèt l'utilité des ſocietez humaines eſt plus ou moins

par-

parfait, selon que ceux qui en ont la direction ont plus ou moins les conoissances nécessaires, pour parvenir à ce but, & que leurs sentimens s'aprochent ou s'éloignent davantage des règles de l'honnèteté & de la saine morale.

SECOND PRINCIPE.

La *Police* est l'ame de l'Etat; c'est elle qui établit l'ordre, & qui contient les riches & les pauvres dans les bornes qui conviennent à chacun; c'est elle seule, qui, bien dirigée, rend les sujèts riches & l'Etat peuplé, d'où dépendent le Bien-être & la Puissance des Souverains; elle fait donc un des principaux objèts dont les Princes doivent s'occuper.

TROISIEME PRINCIPE.

Les Loix de la *Police* ne doivent jamais être contraires à celles de la morale; Par conséquent ces Loix ne doivent ni permettre ni défendre pour l'utilité de l'Etat que les choses moralement permises & moralement défenduës.

QUA-

QUATRIEME PRINCIPE.

Les Loix de la *Police* font les or-donnances, qui procurent la conferva-tion & l'augmentation des Revenus des Sujèts auffi bien que de l'Etat, & font naître de nouvelles fources de profits, ce qui favorife la population, en multi-pliant les moyens de la fubfiftence.

Ces quatre Principes conduifent naturellement à la définition d'un *Grand-Confeil de Police.* C'eft donc *une Affem-blée de Perfonnes intelligentes, de bonnes mœurs, intègres, & inftruites dans la fcience de la Police & de la Morale, dont les délibèrations communes doivent diriger & déterminer tout ce qui a du raport à la Confervation & augmentation des Revenus des Sujèts & de l'Etat, de même qu'à la Population.*

Le Prince ayant feul le Pouvoir le-gislatif, il fuit de là que tout ce qui a du raport à ce Pouvoir, relativement à la *Police* apartient au Prince immèdiate-ment. C'eft là la *Haute - Police,* diffè-rente de la *Baffe* en ce que

N 4   a)

a) La *Baſſe - Police*, n'étant que l'Exè-
cutrice des Loix données par le
Prince, qui varient ſelon les tems
& les lieux à proportion de l'utilité & des beſoins de chaque endroit,
eſt toûjours confiée à des Magi-
ſtrats inférieurs, au lieu que

b) La *Haute - Police* eſt ſeule en pos-
ſeſſion des ſecrèts de la Police de
de l'Etat, & que la *Baſſe* n'a à faire
qu'avec ce que la *Haute* lui en fait
conoître par les ordonnances qui
en émanent.

Les Conſéquences, que l'on peut tirer
de ce qui a été dit jusques ici ſur ce Sujèt en faveur d'un *Grand - Conſeil de*
HAUTE *&* de BASSE - POLICE, qui
réüniroit, ſelon le Plan indiqué dans les
Remarques ſur le Texte de Monſr. de
MOSER, le Pouvoir legislatif avec
l'Inſpection la plus ſcrupuleuſe & la
plus éclairée ſur tout ce qui a du
raport à la *Police*, ſont infinies, &
de telle force qu'elles juſtifient pleinement nôtre ſiſtème. Elles aboutis-
ſent toutes à prouver que rien n'eſt

plus

plus propre à rendre un Etat parfaitement & conſtamment floriſſant, & à le
garantir des vices contre lesquels Mſr.
de MOSER & ſon Commentateur ont
ſignalé leur zèle, que l'établiſſement d'un
tel *Grand - Conſeil de Haute & de Baſſe-
Police.*

A l'égard des Membres dont ce
Conſeil ſuprème doit être compoſé voyez ce qui en a été dit au Tome prémier de cet Ouvrage p. 138. & 139.
dans la Remarque, &c.

On pourroit étendre ces Conſidérations beaucoup plus loin; mais ce que
nous avons dit ſuffit pour mettre au fait
tout Lecteur intelligent.

VI.

VI.

Nous avions promis dans le Suplè-ment au premier Tome p. 68. de donner au Public la Traduction d'une Pièce que Monfr. de MOSER *recommande fous le Ti-tre de* Reveille - matin Roïal (Röniglicher Wecker). *C'eft une Lettre écrite par le Roi* CHRETIEN IV. *de* Danemarc *à fon Neveu* FREDERIC ULRIC *Duc regnant de* Brunfvic *fur l'abus criant que les Mi-niftres de ce Duc faifoient de l'Autorité fou-veraine. Cette pièce pourroit perdre de fa force dans la Traduction, ce qui nous dé-termine à la livrer telle qu'elle fe trouve en original, dans le* Hof-Recht *de Monfr. de* MOSER, Beylagen, Num. I. p. 3. & fuiv. & nous n'en traduirons en fran-çois que l'Article qui concerne la Fa-brication des efpèces, comme interes-fant plus gènèralement le Public.

Kö=

Königlicher Wecker

oder

Königlicher Majestät zu Dännemark

Erinner- und Vermahnungsschreiben

an

Herzog Friederichen Ulrichen
zu Braunschweig

wegen des bösen Regiments Sr.
Fürstl. Gn. Land-Drosten.

An. 1620. den 23sten December.

Christian der IV.

Von Gottes Gnaden 2c.

Unsere freundliche Dienste, und was Wir
liebes und Gutes vermögen, zuvor!

Hochgeborner Fürst!

Freundlicher lieber Vetter und Sohn!

Ob Wir uns wohl auswärtiger fremder
Händel wenig zu bekümmern, noch
in jemands Regierung die Hände zu schlagen

gen gemeinet seyn, weil Wir jedoch, sowohl durch ein gemeines Geschrey, welches
nunmehro fast einen Stein in der Erden
erbarmen sollte, als auch aus Relation auf-
richtiger wahrhaffter Leute, die gewisse
Kundschafft bekommen, daß durch das Ge-
rühr häßiger und eigennütziger Gesellen,
welche bey E. L. sich arglistiger Weise in
die höchste Regierungs-Aemter, wozu sie
doch weniger als nichts geschickt seyn, ein-
geschleifft, nicht weniger E. L. eigene
Fürstl. Reputation und Prosperität, als
auch Deroselben Land und Leute ins äus-
serste Elend und Verderben herunter gesetzet und gleichsam mit Füssen getretten werden sollen; Als haben Wir solches zwar
mit schmerzlichem Gemüthe empfunden.
Nun kan E. L. unvergessen seyn, welchergestalt Wir nicht allein, sondern auch E. L.
Frau Mutter, unsere herzgeliebte Schwe-
ster, wie nicht weniger Herzog Philipp Si-
gismund, Bischoff zu Oßnabrück, so E. L.
neben uns an Vaters statt ist, E. L. die-
senthalben schon zu verschiedenen malen
treu- väter- und mütterlich gewarnet und
erinnert haben; Gleichwie nun solches zu
E. L. und Dero Landen frommen und besten

ſten angeſehen geweſen, alſo hätten Wir
Unſers Theils ganz gerne vernehmen mögen, daß E. L. ſich derſelben treuherzigen
Warnung zu Abwendung ihres eigenen
Schimpffs und Schadens um ſo vilmehr
bequemet und gebrauchet hätten; wann
aber daſſelbe aus dem Vettrauen, daß
E. L. Diener (wie ſie billig und ihrer hohen Pflicht nach um ſo vilmehr ſollten)
eben ſo aufrichtig und gutherzig als E. L.
ſelbſt ſeyn würden, aus Achten gelaſſen ſeyn
mag, ſo verbindet Uns nicht allein die
treu - väterliche Affection, womit Wir
E. L. zugethan, ſondern auch der Ver-
weiß, deſſen Wir dahero, als ſollten Wir
der nahen Blut-Verwandten nach, E. L.
zum beſten billig mit gröſſerem Ernſt und
Eifer einräthig und beweglich erſchienen
ſeyn, zugleich mit theilhaftig werden, daß
Wir mit E. L. hieraus etwas gründ- und
ausführlicher handeln müſſen, welches
dann E. L. anders nicht, dann es gemeinet, und zum beſten von Uns vermer-
ken wollen.

Als demnach E. L. in die Regierung
getreten, und damals ehrgeißige Leute derſelben

selben Jugend und Einfalt, so der Jugend gemeiniglich anhängig ist, gespüret, haben sie dieselbe Gelegenheit gleich also bald zu ihrem eigenen Vortheil erwischet, und um ihrer eigenen Herrlichkeit willen E. L. in den zwar befugten, doch beschwerlichen und nachtheiligen Braunschweigischen Krieg gestürzet und verwückelt; Nachdem nun dieselbe theils aus Mißgunst und Uneinigkeit (weiln ein jedweder gerne allein das fac totum seyn wollen) einer dem andern gehindert, theils aber sonsten auf den Stumpff gelaufen, und endlich allen ihren verdienten Lohn bekommen, haben sich ihre Jungen und Nachfolger, die jetzigen Herrn Regenten an solchen Sachen zwar so weit gespiegelt, als sie vermerket, daß die Monarchia, oder wann einer die Macht allein auf sich ziehen wollte, der besorglichen Æmulation halber ihnen nicht vorträglich seyn würde, daß sie zugefahren, und den Statum in einen andern, nehmlich Oligarchiam zu versetzen, Raths worden seyn, derowegen sie auf die alte Art des Octavii, Antonii, und Lepidi zu mehrer Bestärkung ihrer Gewalt einen

Trium-

Triumviratum, oder wann man es recht
taufen will, eine rechte Conspiration an-
gestellet, und E. L. Land und Leute so fein
gleich und einträchtiglich unter sich getheilet, daß es zwischen ihnen nun keinen
Streit leichtlich geben kan, sintemahl sie
sich mit einander hart verbunden, daß
keiner dem andern in seine Bottmäßigkeit
Eingriff thun sollte, inmassen sie auch solchen Vertrag als Legem Fundamenta-
lem Dominorum so steif und fest, als
kein Cartheuser seine Orden halten, und
einer dem andern über die Maasse artig
den Ball zuzuwerffen wissen; damit ihnen
aber hierinnen kein Einpaß geschehen möchte, haben sie, unterm Schein, daß
sie E. L. ausser allen Beschwerden
bringen und Land und Leute be-
freyen wollten (so ferne E. L. ihnen
nur gewisse Frist dazu gönnete, und
man ihnen mit ihrem Wesen auf was-
serley Weise sie auch dasselbe darstel-
len würden, (wozu sich dann E. L.
starck *reversiret* haben soll) freye Gewalt liesse) deroselben die Hände dergestalt geschlossen und gefesselt, daß
Dieselbe ihrer eigenen Regierung
wei-

weiter nicht, als es gedachten Leu=
ten gefällig und gelegen, mächtig
seyn, und die feinen Herrlein unter
diser ihrer *Licenz* oder Freyheit allen
ihren Muthwillen üben und treiben
können, inmassen sie daran nichts
erwinden lassen, und zu ihrer Si=
cherheit nicht allein E. L. in stetiger und
solcher Völlerey, wobey Sie schwerlich
zu sich selbst kommen, und vernünfftige
Gedanken sammlen können, hinhalten,
sondern auch E. L. gänzlich dahin ge=
wehnen, daß sie alle andere und ehr=
lichen Leute vor verdächtig halten,
und was Ihr dieselben zu treuher=
ziger Warnung andeuten, Ihnen
wiederum zu Hofe bringen müssen,
worauf sie dann dieselben dermassen
anfahren und abrichten, daß sie so=
wohl als andere, E. L. ferner zu
warschauen und hochheimliche Sa=
chen zu entdecken abgeschrecket wer=
den, und also E. L. immer in dun=
keln und unwissend, wie es in ihrem
Lande zustehe, hinwandern, und
dergleichen Leute boßhafftiges und
höchstschädliches Vorgeben, und An=
schlä=

ſchläge allein für *Oracula* annehmen,
und aufhalten müſſen, zu welchem
Ende ſie hiebevor durch E. L. ein
Reſcriptum öffentlich ausgehen laſſen,
daß ſo wenig E. L. Räthe ſelbſt,
als jemand anders von den verſtän=
digſten und aufrichtigſten aus den
Land = Ständen, ohne ausdrücklich
Erfordern und Urlaub, zu E. L.
Gegenwart verſtattet werden, und
mit deroſelben, ohne Beywohnung
eines ihres Mittels, Unterredung
pflegen ſollte, damit ihnen alſo nie=
mand in die Karte kucken, ſie aber
allenthalben die Augen mithaben
mögten, wobey ſie es gleichwohl nicht
bewenden laſſen, denn unangeſehen die
Land = Droſterey anfangs nur auf
die Haushaltung angeſtellt worden,
weil ſie jedoch vermerket, daß die
liebe Juſtiz in ihren Kram nicht die=
nen würde, haben ſie dieſelbe zu
Hofe und aufm Lande nicht allein
hefftig verwirret, ſondern auch alſo
gar abgeſchaffet, und untern Fuß
getreten, indem ſie Hof = Gericht
und Rath = Stuben ganz und gar

Tom. III.　　　　O　　　　matt

matt geleget, und alle deroſelben Gewalt und zuſamt *Imperium abſolutum* an ſich gezogen, geſtalt ſie auch allerdings E. L. vermöge deroſelben beſchwer- und unleidlichen *Revers* zu keiner Rechenſchaft verbunden ſeyn, zu geſchweigen, daß ſie vor jemand zu Rechte ſtehen wollten, warum ſie dann nicht allein gegen ihre Widerpartheyen, von E. L. an obgedachte Gerichte, ſtarcke Befehlige, daß man gegen ſie nicht *procediren* ſolle, ausgebracht; ſondern auch theils von den Räthen, ſo auf ihren Bort nicht ſchlagen wollen, heimlich und unterm falſchen Schein abgeſchaffet, und dagegen junge, unerfahrne, und ſo nach ihrer Pfeiffe wohl tanzen müſſen, annehmen laſſen, theils mit ihrer Gewalt übertäubet, theils aber ſo ihres gleichen und zum Böſen, welches der menſchlichen Unart anklebt, am meiſten geneigt geweſen, auf ihre Seiten und unter ihre *Contribution* gezogen, und alſo zur Ungerechtigkeit nunmehr ſolchen Anhang genommen,

daß

daß sie auf gut Tyrannisch, *quod li-
bet*, *licet*, frey sicherlich ohne einigen
Einhalt wohl *practiciren*, und im
trüben Wasser am besten fischen können, welches dann der Zweck ist,
wohin all ihr *intent*, nemlich nicht
zu E. L. frommen (wie sie dieselbe
zwar beredet) sondern zu ihrem eigenen Nutzen jederzeit gerichtet ist.
Und zwar die Ungerechtigkeit mit etwas
zu berühren, so vernimmt man sein Wunder, wie ungleich es hergehe, daß nemlich unterschidene Leute, in ebenmäßigen
Sachen, einer gestraffet, und der ander
belohnet, dem unschuldigen hierunter wieder nachgestellet, und dagegen offenbare
Ubelthat verthätiget, keine sichere Stras-
sen gehalten, sondern alles preiß und den
Strassen-Räubern, Mördern und Land-
Zwingern freyer Paß gegeben, ja auch
dieselbe, wann sie schon auf frischer That
begriffen, wieder loßgelassen, ihnen in allen Wegen gefüget, die Beraubten aber
zu ihrem Schaden noch wohl verspottet
und darüber in vergebliche Kost-Spillun-
gen geführet und beschwehret werden,
dergestalt, daß das Land Braunschweig,

O 2 worin-

worinnen man bey E. L. Herrn Vaters
seel. Zeiten bloß Gold aufm Haupt sicher
über Weg tragen können, jetziger Zeit
eine rechte Mord- und Rauber-Grube
worden sey; daß zu *Contractibus*, welche *Voluntarii* seyn sollen, die Leute
durch mancherley Mittel, zuweilen
durch Einlagerung E. L. Räuterey,
gleich wäre es in Feinden Landen,
gezwungen, und die Commercien beein-
trächtiget, und also gleichsam *Jura Na-
turæ & gentium* genothzüchtiget, über
Siegel und Briefe, Zusagen, Ab-
scheiden, und Glauben unter *privat*-
Personen, wie imgleichen über öf-
fentlichen *Documentis publicis*, Verträgen, wohlbestellten Sazungen,
Herkommen, Gerechtigkeiten, Land-
Tags-Abscheiden und Gerichts-
Ordnungen, ja E. L. selbst eigene
und deroselben billig Hochgeehrte
Ahn-Herren und Vorfahren seel.
starke Verbriefunge, gebührlicher
massen nicht gehalten, sondern dieselbe zu E. L. und Deroselben löb-
lichen Häuser unauslöschlichem
Schimpff, nach weniger Leute *appe-*
tit

tit und Vortheil gedrehet, verkeh=
ret, geändert und zuwider gehan=
delt, auch zuweilen gar umgestoſ=
ſen, und auf andere verſetzet wer=
den, inmaſſen der eigennutzene Gunſt
und Beſchweruugen, ſo voll und faſt
mehr bey denen Höchſten als nidrig=
ſten zu Hofe=Recht, Ehr und Red=
lichkeit, und alles zum teuerſten
Kauf feil=gemacht haben, und über
die Maſſe ihm Schwange gehen laſ=
ſen. Nachdem nun die Juſtiz, als
der Zaun aller Ehrbarkeit, derge=
ſtalt umgeriſſen, iſt zwar kein Wun=
der, aber höchlich zu erbarmen, daß
der herrliche Garten E. L. Fürſten=
thümer von allerhand wilden Thie=
ren, unter welchen die Land=Ochſen
die grauſamſten und ſchädlichſten
ſein, ſo jämmerlich, wie geſchicht,
zerwühlet und verdorben werden
ſollen, zu welcher Verwüſtung über an=
dere unzählige, ſonderlich 3. Mittel ge=
brauchet werden; Als nemlich 1) „das
verfluchte Münz=Weſen. 2) Die
groſſen und übermäßigen *Impoſten*, „
ſo auf die Unterthanen geſchlagen
O 3 wer=

werden. 3) „Die Verring= und Ver=
ſchmälerung E. L. Cammer = Güter.„

Den erſten Punctt betreffend, kœn=
nen Wir leicht erachten, wie Wir auch
ſonſten berichtet ſeyn, daſs man E. L.
damit einen blauen Dunſt für die Augen
gemacht, daſs aus einem Rthlr. etzliche
vil Daler der kleinen Sorten gemünzet,
und dadurch E. L. Intraden zwey oder
drey doppelt geſteigert, und mit dem
Uberfluſs deroſelben Schulden und Be=
ſchwerden gedæmpffet werden kœnnen.

Ob nun wohl ſolcher Ueberſchlag
bey unerfahrnen im æuſſerlichen Anſe=
hen etwa wohl einen Schein haben
mœchte, da doch die Sache auf innerli=
che Proben und veſt geſetzet, beſſer
nicht als die loſe Münze ſelbſt beſtehen
kan (dann *der æuſſerlichen Verkleinerung
E. L. Reputation, welche einem redlichen
Manne, und zu voraus Fürſten billig hœ=
her, als Land und Leute, ja als die ganze
Welt und alle zeitliche Wohlfahrt, auch
Leib und Leben, angelegen ſeyn ſoll; wie
gleichfalls der Ubertretung der Reichs=
Ordnungen, wozu E. L. als ein vorneh=*
mes

mes Mitglied des Ræmischen Reichs nicht allein anderen geringeren Stænden zum Exempel seyn, sondern auch weil *E. L. bey der Lehns - Empfængniß dieser und anderer Regalien einen Uhrthætlichen Eyd geleistet*, des Gewissens halber verbunden seyn, noch zur Zeit gænzlich zu geschweigen, und den Nutzen allein an die Spitzen zu stellen:) So wird sich im Grunde der Wahrheit nicht anders befinden, denn daſs Landdrosten und derselben Anhang den Vortheil nur allein davon ziehen, und E. L. zu dem unredlichen Schimpf von diesem Münzwerk den Schaden noch dazu haben, und derselben armen Land und Leute in unwiderbringliche Ruin und Verderb dadurch gar herunter gesetzet werden. Dan E. L. belangend, kan deroselben unverborgen seyn, welcher gestalt Dieselbe sowohl Uns als anderen Herrschaften und auswærtigen Creditoren mit ansehnlichen Geld - Summen an schwerem Gelde und harten Rthlr. in specie verhafftet seyn, wann nun Dieselbe mit dergleichen untüchtigen Sorten ihre ausgezahlte gute Gelder nicht verzinset,

O 4   viel

viel weniger die Capitalien bezahlet
werden wollen, So werden E. L. die
Rthlr. in eben so hohem Werth, als sie
in Dero Landen und anderswo gültig
seyn, einwechseln, und der schlimmen
Münze um so viel mehr als sonsten bey
vorigen richtigen Münzwesen dafür geben müssen, welches dann E. L. eingebildeten Vorthel wiederum hinweg
fressen wird: Und obwol E. L. die aus
ihrem Bergwerk genommene Silber etwan zu solcher Verzinsung vermünzen
lassen wollten, weil wir jedoch vernehmen (inmassen Uns E. L. Wesen wenig
verborgen bleibet) dass so wohl die
Hœltzung am Hartze, als sonsten hin
und wieder durch Ausrotten und Verwüstung die Füsse mercklich nach sich
ziehen soll, dergestalt dass E. L. zu
Dero Bergwercke, Nothdurfft und Be-
huff nunmehro das Holtz aus fremden
Fürstenthümern einkauffen, und zufüh-
ren lassen muss, welches dann in Ab-
zug der Bergintraden kommen, und
dieselben zimlich verschmælern muss;
als wissen Wir zwar nicht, ob dieselbe
allein zu solchen hohen Verzinsungen

an-

anreichen werden, und da gleich dieselbe geschehen kœnnte, würden E. L.
dennoch an solchen, des vermeinten
Vorthels ja nicht zu gewarten haben;
Gleichmæssige Bewandtnis hat es mit
alle demjenigen als Gewand, Seiden-
wahr, Gewürz, Wein und andern, so
E. L. zur Hofhaltung und Nothdurfft
in grosser Menge aus fremden Landen
bringen lassen müssen, woselbst E. L.
Müntze entweder herunter oder gar
abgesetzet, da E. L. alle solche Wahren daselbst mit schwerem Gelde, oder
in eigenen und anderen Fürstenthümern, da die leichte Müntze noch hæuf-
fig, gleichwohl nach schwerem Werth
(sintemahl solches alles auf die Wahren
geschlagen wird, und dieselben der
Müntze halber so hoch aufgestiegen
seyn) bezahlen müssen; hingegen bleibet das Getreydig, worinnen E. L. Intraden vornemlich bestehen, mehrentheils im vorigen Kauff, wie dasselbige
auch etliche Jahre her in gar geringem
Preiß gewesen, und müssen E. L. sich
dasselbe mit ihrer eigenen geringen
Müntze also bezahlen lassen; wie nun

O 5

ein

ein Haus (wornach die Rechnunge über
andere auch leicht zu machen) hiebevor 10000. guter Rthlr. ertragen kœnnen, alſo bringet es anjetzo nur 10000
ſchlechter Rthlr. womit E. L. wann
Sie dieſelbe zu obengedeuteter Behuf
wieder anlegen wollen, mehr nicht als
mit 4000. Rthlr. ausrichten kœnnen,
wobey E. L. den groſſen Abgang und
Verluſt an ihren Aufkünfften, weil die
Rthlr. ſo hoch geſtiegen, greiflich zu
ſpüren und abzunehmen haben. Aus
ebenmæſſigem Grunde müſſen E. L.
Unterthanen, ſonderlich aber die Rit-
terſchaft und Bauren, ſo ſich von Acker-
bau erhalten, und eben keine Gelder auf
Zinſen ſtehen haben, ja mehrentheils in
Schulden ſchon über die maſſe be-
ſchwert ſeyn, nothwendig herunter
kommen, und gar zu ſcheitern gehen;
indem ſie wolfeil verkauffen, und dar-
gegen theuer einkauffen müſſen, auch
der Debitoren Schulden durch Steige-
rung der verſchriebenen Müntze noch
2 oder 3 mahl ſo hoch, als ſie tempore
contractus geweſen, aufgeſchwollen
ſeyn, welches endlich den Stich nicht
hal-

halten kann, und obwol in Erwegung
deſſen E. L. dieſelben durch ein in
Druck verfertigte Conſtitution zu retten
vermeinen, weil jedoch E. L. Unterthanen der Handelung an fremden Or-
ten, da bemeldte Conſtitutio ſo wenig,
als die loſe Müntze gültig iſt, durch-
aus nicht entrathen kænnen, ſo mœchte ihnen, ſonder allen Zweiffel, ſo wohl,
als auch E. L. ſelbſten mit Abſchaf-
fung des jetzigen Falſchen, und Erin-
nerung des alten redlichen Münz-Gangs
beſſer gerathen und abgeholffen werden, angeſehen, daſs auch die Gleich-
heit Handels und Wandels wieder auf-
gerichtet, die Theurung in etwas gedæmpffet, und vieler ander Unrath
weggeræumet werden kœnnte; ſolches
hætten E. L. Land-Droſten, (denn es
nunmehro ein Kind mercken kan)
leichtlich zu begreiffen, wann ſie der
Eigennutz und Geitz-Teuffel nicht be-
ſeſſen, daſs ſie E. L. Reputation und
Aufnahm des Landes und gemeinen
Beſtens Wohlfahrt, ja auch ihre eigene
ſchwere Pflichten, Gewiſſen, und GOtt
dem Allmæchtigen ſelbſt dagegen ganz

und

und gar nicht zurück und auſſer Augen
geſtellet hætten, denn ſie und ihre
Werkzeuge aus dieſen Unweſen (welches unſerm und aller Verſtændigen
Erachten nach, E. L. und Deroſelben
Fürſtenthümern weit ſchædlicher iſt,
als der Braunſchweigiſchel Krieg geweſen, noch des Spinolae offentliches
Feldlager etwa der Pfaltz anjetzo ſeyn
kan, ſintemahl nur ein kurz und zeitli-
cher Ubergang iſt, welchen folgen-
de Jahre durch GOttes Seegen ver-
hoffentlich wohl erſetzen kœnnen, die
durch unrichtiges Münz - Werk einge-
führte Theuerung aber in Ewigkeit
gænzlich nicht abgeſchaffet, und zu vo-
rigem Stande wird wiederum geſetzet
werden kœnnen) ihren Nutzen und
Gewinn rechtſchaffen ſuchen, und den
Braten nur eintzig und allein davon
ziehen, *indem die Münz - Meiſter ihnen
erſtlich von jedweder aufgerichteter Müntze
ihre willkührliche anſehnliche Summen
gleichſam zu Belohnung ihres jæhrlichen
Fleiſſes reichen müſſen, welches dann die
Urſach iſt, daß die Müntze nicht allein
verændert, ſondern auch auf Kayſerl. fiſca-
liſche*

kische faſt ehrenrührige Anklage zum Spi-
gelfechten zwar abgeſchaffet (welches endlich ſowohl E. L. als auch den Anſtiff-
tern, ſonderlich weil die Kayſerl. Au-
thoritæt durch neulichen Bœheimiſchen
Sieg das Haupt wieder empor richtet,
übel ausreiſſen dürffte) andere viel neue
aber zu dieſem Vortheil wieder angele-
get ſeyn. *Fürs andere bringet ihnen die*
Liefferung, wie mans nennet, gar ein ſtatt-
liches; Derowegen ſie ſo eiffrig darauf ſeyn,
und ſo wenig Eingriffe dazu leiden kœnnen,
daſs ihrer einer ohnlængſt einen Heſſen,
ſo etliches Silber ins Land Braunſchweig
auf die Müntz geliefert, nicht allein unter einem gütlichen Schein zu ſich be-
ſchieden, und verrætheriſch in die Hafft
genommen, ſondern auch mit ſcharf-
fer Bedrohung nicht ehe erledigen wollen: bis er ihm zu übermæſſiger Straffe,
welche ihm doch nicht gebühret oder
zukommt, zu ſeinem Vortheil viel tau-
ſend Rthlr. eydlich verſprechen und
verſchreiben müſſen, gerade als wenn
ſie in der Schinde- oder Schaberey eben
das Monopolium haben müſten, und
ſonſten niemand dazu zu verſtatten wæ-

re;

re; Und ob sie wohl zum zten E. L. in beschwerlichen und kostbaren Sachen, als Kohlen und anderen Materialien (wodurch eine unwiderbringliche und den Nachkommen insonderheit unertrægliche Verwüstung angerichtet wird) den Vorzug gerne gœnnen, so hat es doch in der freyen Ausbeute viel eine andere Gelegenheit. Dann wann dieselbe in drey Scheide geschlagen würde, nimmt ihrer einer zwey Theil hinweg, daß sich also E. L. als die sich auch nicht viel darum bemühen und sorgen dürffen, mit einem und also dem dritten Theil wohl begnügen und abspeisen lassen müssen.

Uebrige Schelmen = Händel, worin sie ausgelernt, und ärger damit, als Juden, so ihre stetige und angenehmste Gesellschafft seyn, E. L. und Deroselben Land und Leute öffentlich bestehlen, und biß auf den äussersten Grad aussaugen, lassen Wir geliebter Kürze halber ungerühret, allein können Wir dises im Grun-

Grunde der Wahrheit wol bekennen,
daß so lange die Welt gestanden,
von keinen gröbern und freyen Dieb-
stahl, als eben disem, jemahls ist ge-
höret worden, und ist hierneben
überaus höchlich zu bedauren, daß
so vil! herrliches Silber, um wenig
loser leichtfertiger und eigennütziger
Kerl willen, deren an ihm selber keiner mehr Heller, als für ihn ein
Strick bezahlet werden könte, werth
ist, dergestalt! verfälschet werden
soll, daß man dieselben nicht wieder
umschmelzen, und zu anderer Gelegenheit verbrauchen, noch den darauf geschmireten Schaum oder Dreck,
den man unvermuthlich kennen kann,
sondern diejenigen, welche alsdann
damit beschissen und behafftet seyn
werden, schändlich aufgesetzet und
betrogen werden müssen.

Das andere Mittel, wodurch E. L.
Landen in Verderben gesetzet werden, sind
„die übermäßigen Beschwerden und
Schatzungen, „ womit die Unterthanen
ohne Aufhören beleget und überhäuffet
wer-

werden, und ſind dieſelbe, wie Wir vernehmen, ſo grauſam, daß Wir ſie alle-
ſamt ohne Abſcheu, Mühe, und vil zu
groſſer Weitläufftigkeit nicht erzehlen, diſes aber wohl in Wahrheit ſagen können,
daß die Auflage des zehenden Pfennigs,
womit Duc d'Alba dem Könige in Spa-
nien die Nieder-Lande erſt wiederſpenſtig
und aufrühriſch gemacht, hiergegen gering
zu ſchätzen iſt, inmaſſen E. L. Unterthanen nunmehr, wan mans zuſammen rechnen wollte, faſt über die Contribution des
dritten, oder wol gar auf die Helffte getrie-
ben werden ſollen; daß aber ſolches endlich
den ganzen Untergang verurſachen, und ſchon
einen guten Anfang dazu gemacht haben
müſſe, ſolches können Wir, des Landes
Art und Gelegenheit nach, welche mehr
auf Abnahm, als andere Handlung be-
ruhen thut, leichtlich ermeſſen. Nun iſt
aber einmal gewiß und unverneinlich,
gleichwie ein Schäfer für wohlgehalten
zu achten iſt, wann ſeine Heerde wohl
ſtehet, daß alſo eines Fürſten Macht auf
der Unterthanen Wohlfahrt gegründet iſt,
dann ob es wohl, des Machiavelli Mey-
nung nach, den äuſſerlichen Schein hat,
als

als wäre es der Herrschaft zuträglicher,
daß sie ihre Zahl-kammer bereicherte, und
dagegen die Unterthanen, damit sie nicht
hochmüthig und halsstarrig würden, in
Bedruck und Armuth hinhielte, so ist dieselbe Regul jedoch ganz und gar falsch und
irrig; dann erstlich, wann das Geld zum
Schatz geleget wird, ist es ein todtes und
unbehülffliches Werk, da es hingegen bey
den Unterthanen durch stetiges Gewerbe
immer mehr werben und zunehmen kan:
Nächstdem ist es sowol bey der Einsamm-
lung als Verwahrung vieler Begierden
und Fäusten unterworffen, dergestalt, daß
ein grosser und durch lange Zeit zusammen
gehegter Schatz aus liederlichen Zufällen
in kurzer Zeit zerrissen und also viler Leute
auf einer Hauffen geschlagene Güter zu ei-
nemmahl hindurch gejaget werden können,
wann aber dieselbe bey ihrem privat-Her-
ren gelassen würden, wären sie um viel si-
cherer, weil ein jeder sein eigenes besser be-
wahren, und obgleich einzele Leute durch
Unfall etwa drum kommen, dennoch gleich-
wol die anderen und meisten das ihre be-
halten können; Uber das trifft es nicht zu,
daß die Armen die mühsamsten und müh-

seeligsten seyn solten, sondern befindet sich
vielmehr der Vernunft und Erfahrung
nach, das Gegentheil, bevorab bey denen,
welchen man das ihrige durch Uebersetzung
entzogen und abgepresset, sintemahl dieselbe, durch Entsetzung ihrer Geschäffte zu
redlichen Mitteln, aus Nothdurfft und
Verzweiffelung, nicht allein zu ungebühr-
lichen und unziemlichen Wegen zu schreiten,
genöthiget, sondern auch, da das Vatter-
land angefochten werden solte, weil sie
sich dabey wenig interessiret befinden, demselben weder aus Unvermögenheit können,
noch aus Unmuth helffen und beyspringen
wollen, ja zuweilen aus Hoffnung eines
besseren, sich gleich so bald zum Feinde
schlagen, und demselben sich gänzlich erge-
ben. Hergegen wenn die Unterthanen von
ihrer Obrigkeit mit Recht und Gerechtig-
keit regiret und bey ihrer Nahrung also,
daß sie zur Aufnahm und Wohlstand gedeyen können, gelassen werden, sind sie
nimmer so närrisch, daß sie Aenderungen,
und ein zweifelhafftiges für ein gewisses er-
wehlen sollten, danken vielmehr GOtt,
daß sie des ihrigen (so ihnen in Unruhe
leicht zerstört oder gehemmet werden könte)

in

in Frieden genieſſen mögen, weigern ſich
auch nicht, im Fall ein auswärtiger Krieg
entſtehen ſolte, für ihre Obrigkeit, dergleichen ſie in Tugend und Gelindigkeit an einem andern nicht wieder zu bekommen ge-
trauen, nicht allein ihr Haab und Gut,
welches ſie ohne das müſſen, ſondern auch
Haut und Blut gantz willig daran ſetzen,
dergeſtalt, daß der Unterthanen Wohl-
ſtand und gute Zuneigungen, welche
durch ein ordentliches und rechtmäſ-
ſiges Regiment wohl erlanget und
erhalten werden kan, die rechte Kö-
nigl. und Fürſtliche Schatz-Cam-
mer iſt. Und ob diſes gleich in kein
Bedencken gezogen werden, und E. L.
duſſer dem etwa einen Schatz beyſammen
haben möchten, wann Wir jedoch derer
Leute, ſo ihn unter Handen und verwal-
ten, nachgriffiſche Natur, wie auch die
faſt unchriſtliche Mittel, wodurch er zuſammen geſcharret, nachſinnlich beherzigen: ſo
beſorgen Wir, es dürfte derſelbe, daferne
man nicht auf andere Wege denken ſolte,
E. L. zu wenigem Gedeyen und Vortheil
endlich erſchieſſen können, bevorab, weil
nicht allein theils Summen, ſo aus denen

P 2

ver-

verkaufften Cammer-Gütern (wovon wir
hernäher auch handeln wollen) dazu mögen gewendet worden seyn; sondern auch
vielen E. L. Creditoren die Zinse aufge-
rücket und vorenthalten worden, welche von
Jahren zu Jahren immer weiter um sich
fressen, und endlich gleichwohl mit dem
Hauptstühlen (da immittelst der Schatz
ganz stille und unfruchtbar liegen bleibet)
bezahlet werden müssen, es wäre dann
Sache, daß man aller Schaam den Kopf
gar abbeissen, und Siegeln und Brieffen
ausdrücklich und gerade zuwider handeln
wolte, wie dann auch dasselbige, daß man
von den Beambten aufm Lande durch die
Banck ohne einige dringende Noth so vil
Gelder zusammen geborget, fast nirgend
anders hinaussiehet, dann, weiln E. L.
ohne Leibes-erben seyn, und derselben Herr
Bruder in solche Schulden nicht willigen
will, daß man eines theils die Leute
mit Schauffeln und Spaden bezahlen, oder betrügen, anders theils
aber *E. L. Reputation* im Stiche lassen, und derselben also in der Gru-
ben einen ewigen Flecken und böse
Nachrede anhangen wollen, welches

ob

ob es wohl an ihm selbsten ein un
getreuer und boshafftiger Vorsatz
und Beginnen seyn wolte, so wäre
es dennoch darum so vil ärger, daß
E. L. guter Nahme, und frommer
Leute Wohlfahrt um anderer einze
ler freveler unersättigter Begierde
willen in die Schantze geschlagen
werden solte, dann so mancherley ex-
actiones und Drangsalen der armen Unterthanen von denen Land-Drosten anders
nirgend hingerichtet, dann daß das we
nigste zwar in E. L. Schatz-Cam
mer gelegt, übriges aber zn Ausfüh
rung ihres eigenen übermäßigen
Prachts, und Linderung ihres feuer
hitzigen Gelddurstes verwendet wer
den möge, wie sie dann solches, weil
sie zu keiner Rechenschafft verbunden,
und im trüben Wasser gut fischen
haben, leicht ausrichten, und ins
Werk stellen können. Man sehe nur
an, welchergestalt sie, so doch vor
weniger Zeit nur arme ohnmächtige
Hunde gewesen, sich nunmehr in kur
zer Frist dermassen wohl ausgeme
stet haben, daß sie ihre Gelder bey

P 3

vil

vil tauſenden, ja theils bey Tonnen
und Millionen Thalern, oder Gel=
des, zehlen, theils auch das ihrige
heimlich zu fremden Herrſchafften
aus E. L. Landen hinwegſchaffen,
woraus nicht allein abzunehmen, daß
ſie aus böſem Gewiſſen im Fall der
Noth ſich auf die Reiſe ſchicken,
ſondern auch, weil ihre vätterliche
und ererbte Renten ſo vil nicht, ja
faſt wenig oder gar nichts abwerffen
und ertragen können, über die Maſſe
viel geſtohlen, und ſowohl E. L.
Intraden, als deroſelben ganze
Landſchafft zeitliches Vermögen ih=
nen ſelbſt zum Raube ausgeſcheidet
und erwehlet haben müſſen; Man
ſchaue, welch einen Pracht ſie führen in
Kleidern, Kleinodien, Pferden, Geſinde,
Tafeln, Silbergeſchirr, Muſicanten, und
andern, wird ſich befinden, daß viel Für=
ſten und Grafen des Heil. Reichs derglei=
chen zu thun nicht vermögen, und dadurch
E. L. Unterthanen Deroſelben Großherren
Vater ſeel. Landes = Vätterlicher Inten=
tion, wodurch Er klügliche Verſehung ge=
than, und Kayſerl. Confirmation darüber

aus=

ausbracht, daß das Fürstenthum Braunschweig nicht getheilet, sondern dem Ael-
testen allein das Regiment gelassen werden
solte, zu dem ende, daß das Land die Bürden um so vil leichter tragen, und mit vilen
Fürstlichen Hoflagern nicht beschweret werden möchte, sich wenig zu erfreuen haben,
indem sie so vil prächtiger Herren, welche
dahero daß sie Miedlinge sind, der Heerde
überall nicht verschonen, sondern ihre Augen mit zunehmen, und ihren Weizen bey
rechter Zeit zu schneiden, gedenken, mit
ihrem äussersten Untergang erhalten müssen, und obwol denen Gewaltigen, tapfern
und theueren Helden von E. L. so vil Pferde, als ihnen selbst beliebet, zu ihrem Un-
terhalt und Stande gut gethan werden,
weil ihnen doch daran nicht genug beschie-
het, und sie noch über das, zu Erhaltung
ihrer Majestät und Tyranney, ihre Leib-
guarden an gewissen Compagnien zu Roß
und Fuß; So lassen sie über den Vortheil
so die unschuldigen angemasseten Obristen
Amts halber haben, in jedem Corner so
viel blinder Plätze offen, worauf die Be-
zahlung, welche sie in ihren Beutel stecken,
nichts desto weniger vor sich gehen muß.

P 4

damit

damit sie ihre ordinari Reisige Pferde, so ihnen von E. L. gehalten werden, bey der Musterung, worüber sie ohne das Herren seyn, mit unterstecken, und also doppelten Genuß davon haben, und E. L. destomehr unvermerckter Dinge bestehlen können.

Wann aber solches alles, so nur eine geringe Berührung ihrer unzehligen Practiquen ist, im Ausschlage über E. L. elende Land und Leute eigentlich auslaufft, nnd dieselbe nunmehro gantz außgemergelt und verheeret seyn werden, dergestalt, daß davon nicht vielmehr zu klauben seyn wird, darf E. L. nur keine andere Rechnung machen, dann daß solcher ungetreuer und unersättlicher Leute Abgrund und Geitz E. L. vermeinten Schatzes gar nicht verschonen, sondern etwa wie die Meeraffe bey dem Froschmäusseler (in andern Theil im 18. Cap. vom Hausstande) Reineckens Weibes Schätze austhun thäte, auch mit Ihr umspringen und handeln werde.

Den 3ten und letzten Haupt-Punct, wodurch E. L. alleine Schaden zugefüget wird, nemlich die Alienation und Verschmä-

schmälerung E. L. Cammer-Güter belangend, ist vor Augen, daß nicht allein die
Holtzungen überaus sehr verwüstet, und
ganze Berge abgehauen, viele an E. L.
Amt-Häuser und Clöster gehörige Zehenden, Mayerhöfe, Schäfereyen, und andere Gerechtigkeiten sowol in als ausserhalb
Landes, worunter insonderheit die Vogtey
zu Höxer (welche des Flusses halber denen
Fürsten zu Braunschweig, weil sie dadurch
in fremde Herrschafften und am Wasser
freyen paß haben können, und E. L. Vorfahren um kein Geld feil gewesen) zu rechnen ist, durch Dero Land-Drosten Getrieb,
andern ganz und gar eigenthümlich ver-
kaufft, sondern auch ihres Theils selbst deren Stück etliche, ja gantze Fürstliche Häuser und hohe Bothmäßigkeit wohl allerdings titulo lucrativo an sich reissen, und
dadurch E. L. Tafel- und Cammer Aufkünfften mercklich schwächen.

Wenn aber solches sowohl denen zwischen E. L. Fürstl. Hause, und denen Her-
zogen zu Lüneburg aufgerichteten alten Erb-
Verträgen, als auch E. L. Groß-Herren
Vattern sehl. Testament schnur gleich zu

P 5   wie-

wieder iſt, und faſt kein ander Anſehen hat, als wann ſolche alienationes in odium & fraudem ſucceſſorum, welche doch an ihnen ſelbſt nichtig, und keinen Beſtand haben koͤnnen, angeſtellet ſeyn, als wollen E. L. vernuͤnfftig bey ſich ſelbſt uͤberlegen, welch ein beſchwerlichen Verdacht und Unwillen ſolches bey maͤnniglich, bevorab aber denen Intereſſenten, nnd vor allen bey Hertzog Chriſtian E. L. Bruͤdern, (welche durch E. L. nichthaltung des Groß-Vaͤtterlichen Teſtaments ſeines Theils auch davon zu entbinden, und des halben Fuͤrſtenthums ſich anzumaſen Uhrſach und Fug gewinnen duͤrffe;) leichtlich erwegen koͤnnte; und ob wohl dagegen geruͤhmet werden ſolte, daß die Cloſter-Guͤter nunmehro gar incorporiret, und zu E. L. Tafel geleget waͤren, ſo iſt doch ſolches ſowohl gegen die allgemeinen Reichs- als E. L. mit denſelben getroffenen Abſchiede, ja die offenbahre beſchriebene Geiſt- und Weltliche Rechte, dergeſtalt, daß E. L. bey demjenigen, ſo zu Gottes Ehren, wohin es von den Alten gemeinet geweſen, und gewendet werden wollen, billig verbleiben ſollte, wenig

See-

Seegens zu gewarten haben können, und
Dieselbige Güter weniger nichts, als andere
Denen schädlichen Raub-Vögeln und allen
oberzehlten Ungelegenheiten unterworfen,
und E. L. also der trefflichen Herrlichkeiten
daß die Clöster hiebevor in Zeit der Noth
immerdar für des Fürstenthums Schatz-
Cammer gehalten worden sind, wann es
zuvorn schon alles hindurch, jämmerlich
beraubet seyn.

Vernehmen also E. L. aus diesem allen, wie übel Deroselben Ver-
traulich- und Treuhertzigkeit, so
Uns guter masen bekannt ist, von
denen, so es, allem Respect nach, billig am wenigsten thun solten, miß-
brauchet werde. Wollen E. L. demnach die Augen dermaleins aufthun,
und sich von zwey oder drey Kerln
und Landverderbern so gar in den
Sack nicht treiben lassen, sondern
Deroselben Qualitäten Beschaffen-
heit und Ankunfft in etwas freymü-
thig und reiflich erwegen, werden also
E. L. befinden, daß Wobersnow in sei-
nen jungen Jahren zwar eine kurtze Zeit
über

über einen Soldaten gegeben, aber wanns ans Treffen gehen sollen, sich gemeiniglich unpäßlich befunden habe, daß er aus seinem väterlichen Erbe kaum einen blauen Nestel bezahlen können, und sich daher auf anderer von Adel Streu (deren er theils, welche er nach der Hand etwa nicht einst kennen wollen, auszehren und herunter setzen helffen) aufgehalten, und mit Großsprechen und Pralen, welches das beste an ihm ist, wie auch vortheilhafftigen Practiquen und Trügerey sich aufbringen müssen; Daß er also bey keiner Regierung (welches wahrlich kein schlecht Ding ist, und aus dem Steigreif nicht erlernet, noch ohne Redlichkeit und Tugend beständiglich geführet werden kan) herkommen noch wegen seines falschen lasterhafft- und boßhafftiten Gemüthes, eigennützischen und Jüdischen Gewerbs tüchtiger und nütziger dazu ist, als der Wolf zum Schaffhirten.

Streithorst ist von Zwittwart, und auch bey geringen Wesen unter den Bauren, (inmassen seine Sitten gnugsam ausweisen) erzogen worden, dergestalt, daß er einen Pflug besser stellen, und den Flegel

besser

beſſer als das Regiment zu Hofe und Fel-
de führen ſollte, woher auch (welches zwar
auſſer allem Zweiffel zum beſten für ihn geweſen, ſein Nahme in der Stille und im
Verborgen geblieben, wann er ſich nicht
zur Land-Droſtſchaft, gleichwie die Sau
zu Dantze, unſchuldiger Weiſe, ſchmücken
laſſen, und den alten Hochberühmten wohl-
verdienten Kayſer, welcher ſchon ſo viel
hundert Jahr vor mänliches Geldgierigkeit
ſicher geruhet, in der Erden fortan unan-
gefochten gelaſſen, und ſich mit dergleichen
abſcheulichen und unerhörten ſacrilegio &
crimine læſæ Majeſtatis beſchreyet gemacht hätte.

Rehden hat gleichfalls von ſeinem
Patrimonio anders nichts als lauter Schulden zu gewarten gehabt, woraus er ſich
und wieder durch ungebührliche Mittel loß
zu wircken vielfältig bemühet hat, geſtalt
er unter andern ſonderlich ſeine Spitzfindig-
keit und redliches Gemüth an den Tag gegeben, daß er ſeinen eigenen Anverwand-
ten Volrahten von der Decken, durch ſeiner Schweſter Mann Eberden von alten,
mit ſüſſen und glatten Worten, unterm

Schein

Schein eines freundlichen nothwendigen Gesprächs, aus einem fremden Fürstenthum ins Land Braunschweig gelocket und daselbst den alten guten Mann auf einen Bauerwagen werffen, und durch unzehlige Soldaten auf E. L. Haus Poppenburg in die Hafft führen lassen, derselben er ihn auch nicht erledigen wollen, bis er nicht allein aydliche Uhrphede, sondern auch beständigen Verzicht, Quittungen und Abstand auf etliche tausend Rthl. womit ihm Rehden Vater unter Hand und Siegel, und genugsam gestellter Bürgschafft verhafftet gewesen, gethan und geleistet hätte. Und obwol gedachter Rehden gestudirt haben will, so hat er jedoch desselben nicht viel gemachet, oder ja nichts guts gelernet, wie dann der Augenschein klärlich genugsam beweiset, daß er sich nirgends besser und anders, als auf Leute-schinden, Ungerechtigkeit und Tyranney verstehe, und je ein rechter, grober, starcker Räckel ist.

Wann nun aus diesem allen erscheinet, daß diese Leute nicht allein zur Regierung nicht geschickter, als der Esel zum Sack-

Sackpfeiffen, ſondern auch ihrer Unthaten
halber (weiln ein Fürſt aus Beſtellung des
Regiments erkannt, und nach ſeiner Diener Qualitäten geachtet wird) E. L. ver-
weißlich ſeyn, und durch unerträgliche
Bürden und Laſt einen ſolchen Aufſtand,
da GOtt für ſey, endlich erwecken und er-
regen dürſſen, welcher hernachmahls
ſchwerlich zu ſtillen ſeyn würde, als er-
mahnen wir E. L. als ein Vater, und ra-
then Ihr als ein Freund, daß ſie um
GOttes Willen, welcher diſen Jammer in
die Länge nicht wird zuſehen können, und
für welches Gericht E. L. der anvertrauten
Unterthanen halber an jenem groſſen Tage
ſchwere Rechenſchafft werden geben müſſen, wie auch ihrer eigenen Ehre, Frommen und Beſtens halber, aus dem harten
Schlaf dermaleins erwachen, ſich von der
unleidlichen Diener Joch loßreiſſen, und
mit Zuziehung E. L. Verwandten, auch
den Verſtändigſten und Redlichſten aus
der Landſchafft von denen eingebildeten
Freyherren ihrer hohen und weitläufftigen
Verwaltung genaue und ernſte Rechenſchafft einnehmen, und ſie nach Befinden
mit gebührlicher Belohnung unnachläßig

an-

anſehen wollen, werden alſo E. L. wohl
innen werden, daß das linderlichſte, ſo ihrer jedweder verdienet, ein Strang ſeyn
wird; und obwohl E. L. etwan ein meh-
rers Gezeugniß ihres Verwaltens gerne haben wollte, könte ſolches nicht füglicher ge-
ſchehen, als wann E. L. Dero herzgelieb-
ten Herren Groß-Vattern und anderer
Exempel nach, ſich mit geringer vertrauli-
cher, aber nicht in dieſe Rotte gehöriger
Geſellſchafft unbekannter weiſe in Stätte
und Dörffer verfügte, und daſelbſt in denen Wirths-Häuſern des gemeinen Man-
nes einhellige Kundſchafft, welche insge-
mein nicht trügen kan, darüber eingeholet
hätten, würden E. L. ohne Zweiffel ihren
blauen Wunder vernehmen, und oberzeh-
lete Poſten, gegen einander zu rechnen,
für geringſchätzig und Kinderſpiel achten
müſſen; Ermuntere ſich demnach E. L.
und bezeige ſich hierin, wie ſie es zuforderſt
für GOtt dem HErren aller HErren wird
verantworten können, dann auch, daß es
Ihr ſelbſten zu Rettung eigener Fürſtl. Reputation und endlich zu Verhütung Deroſelben Land und Leuten annahenden Untergang erſprießl. ſeyn möge.

Wir

Wir habens E. L. wolmeinentlich
nicht verhalten sollen, und verbleiben Deroselben zu freund- und väterlichen Willen
ungespartes Fleisses jederzeit zugethan.
Gegeben auf Unser Veste Cronenburg den
21 Decemb. 1620.

TRADUCTION

DE L'ARTICLE DE LA LETTRE
PRECEDENTE QUI CONCERNE LA FABRICATION DES MONOIES.

Concernant le premier point (*la Fabrication des Monoies*) nous pouvons facilement juger, & nous en avons d'ailleurs eû des avis, qu'on a jetté de la poussière aux yeux de Vôtre Altesse, en lui faisant croire qu'avec un Ecu l'on pouvoit fabriquer pour plusieurs écus de petites espèces, & par là augmenter ses Revenus au double & au triple, moyen par lequel on auroit abondamment dequoi éteindre ses dettes & aquitter ses charges.

Ce Projèt ne peut avoir une apparence spécieuse qu'auprès de gens qui n'ont aucune expèrience; mais en l'examinant de près & à fonds, il n'a pas plus de solidité que la mauvaise monoie-même. Je ne m'arrêterai pas à représenter ici le préjudice qu'en souffre Vôtre Altesse du côté de la REPUTATION

quoi-

qoique cet objèt foit très-confidérable pour
tout honnète - homme, & doive l'être particulièrement pour les Princes, à qui leur
BONNE RENOMMEE doit être plus chère que leur Principauté, que le monde entier, que tout avantage temporel, que leur
propre vie même; je pafferai auffi encore
fous filence les reproches de fa confcience
auxquels Vôtre Alteffe s'expofe en violant
les ordonnances de l'Empire, tandis qu'en
qualité d'un des principaux Membres de
l'Empire Romain, Elle devroit non feulement donner à des Etats d'une moindre
catégorie l'exemple de l'obfervation des
Loix, mais qu'elle s'y eft auffi obligée par
un ferment corporel lors qu'elle préta l'hom-
mage & reçût l'inveftiture de fes Prérogatives. Je me bornerai à examiner fimplement l'utilité qui peut revenir à Vôtre Alteffe de cette *Fabrication d'efpèces
de bas aloi*, & cet examen prouvera clai-
rement que le Profit de cette Fabrication eft purement pour fes Miniftres,
& pour leurs Créatures, & la honte marquée & le dommage pour vous & pour
vos pauvres fujèts, que cette Fabrication ruine, & leur caufe des pertes irré-

Q 2

para-

parables. Car, pour parler dabord de ce qui touche directement Vôtre Alteſſe, Elle n'ignore pas qu'Elle doit tant à nous, qu'à d'autres Etats, & à des Créanciers étrangers des ſommes conſidérables, payables en monoie forte & en Ecus-eſpèces. Or il eſt ſenſé qu'aucun des Créanciers ne voudra pour le bon argent qu'il a donné recevoir en payement de ſes interêts & encore moins de ſes Capitaux des monoies de bas aloi. Vôtre Alteſſe ſera donc forcée de chercher des Ecus au prix qu'ils valent dans ſes Etats & autrepart, & d'en payer de ſa mauvaiſe monoie un change beaucoup plus conſidérable que ſi cette monoie étoit frapée dans les règles, comme ci - devant, ce qui conſumera toûjours le *Profit imaginaire* de Vôtre Alteſſe. Et quand elle penſeroit à faire monoïer pour le payement de ces interêts de l'argent pris de ſes propres mines, il n'en reviendroit pas l'avantage qu'on s'en imagine. Car étant aſſez informez de l'état des affaires de Vôtre Alteſſe, nous apprenons que ſoit par les devaſtations, ſoit par d'autres deſtruſtructions la grande Forêt du *Harz* (*), a ſouffert un dechêt ſi conſidérable, que Vôtre Alteſſe ſe trouve à préſent obligée d'acheter chez d'autres Princes le bois néceſſaire au ſervice de ſes mines, & de le faire amèner à ſes dépens, ce qui ne peut avoir lieu qu'en cauſant un rabais conſidérable ſur le revenu des Mines; d'autant moins ſçavons-nous ſi ce Revenu pourroit ſuffire au payement des gros interêts dont Vôtre Alteſſe eſt chargée, & quand cela feroit, le profit prétendu ne feroit que chimèrique. Il en eſt de même de toutes les denrées & autres marchandiſes que Vôtre Alteſſe eſt obligée de faire venir du dehors en grande quantité pour les beſoins de ſa Cour, telles que *Soyeries*, *Epices*, *Vins*, & autres proviſions. La monoie qu'El

Q 3 le

(*) *Sylva Hercynia*. C'eſt une chaine de hautes montagnes couvertes de forêts qui prennent une grande étenduë de Païs entre le *Weſer* & la *Sale*. Il y a quantité de mines d'argent & d'autres métaux dont la plus grande partie apartient à l'Electorat d'*Hanovre* & le reſte à la ſereniſſime Maiſon de *Brunſvic*.

le fait fraper eſt ou tout-à fait décriée,
dans les Païs d'où ces Denrées ſe tirent,
ou tout au moins miſe à un trés-bas
prix ce qui met Vôtre Alteſſe dans la
néceſſité ou de ſe procurer à gros frais
de la *monoie forte* pour payer ces Proviſions, ou de les payer extrèmement cher
avec de la monoie de bas aloi, parceque les vendeurs hauſſent le prix de
leurs marchandiſes à proportion de la
véritable valeur de la monoie qu'ils reçoivent: tandis que d'un autre côté, les
bleds, en quoi les revenus de Vôtre
Alteſſe conſiſtent principalement, demeurent à l'ancien prix, qui depuis
quelques années a été fort bas, & on ne
les paye qu'avec ſa propre mauvaiſe
monoie. Cela poſé le Compte eſt facile à faire à tous autres égards. Car
ſur ce pié telle maiſon qui cy-devant
pouvoit raporter 10000. Ecus de *mo-*
noie forte ne raporte que 10000. Ecus
de *mauvaiſe monoie*, qui n'en produit
réellement que 4000. quand Vôtre Alteſſe veut s'en ſervir pour les befoins
ci-deſſus mentionnez, ce qui doit lui
faire ſentir palpablement la grande perte

te & déchèt qu'Elle souffre dans ses revenus vû le haussement du prix des Ecus espèces. Par la même raison ses sujèts, particulièrement les Vassaux Nobles & Paisans, qui ne vivent presque que de l'agriculture, & qui, bien loin d'avoir de l'argent aux interêts, sont pour la plûpart extraordinairement chargez de dettes, se trouvent plongez par là dans des pertes sensibles, qui ne peuvent aboutir enfin qu'à leur ruine totale, parcequ'ils sont dans le cas de vendre à bon marché, & d'acheter à haut prix, leurs dettes croissant dailleurs du double & du triple au delà de ce à quoi elles montoient *tempore contractus*, & cela à cause du haussement des espèces stipulées dans les obligations, ce qui ne peut prendre qu'une mauvaise fin. Vôtre Altesse a crû remèdier à ces inconvèniens par une *Ordonnance imprimée*, mais en vain, parceque ses sujèts ne peuvent se passer de commercer au dehors, où cette ordonnance est tout aussi peu respectée que la mauvaise monoie - même. Le meilleur remède

tant

tant pour Vôtre Alteſſe que pour ſes Sujèts ſeroit donc inconteſtablement l'abolition de la préſente mauvaiſe monoie & le rétabliſſement de l'ancienne bonne d'un aloi legitime & conforme aux Loix de l'Empire, par où l'on remettroit la parité & l'équilibre dans le commerce, on obvieroit à la cherté au moins en partie, & on remèdieroit à bien d'autres inconvèniens facheux. C'eſt ce qu'un Enfant peut comprendre, & que vos Miniſtres (*Land-Droſten*) comprennent auſſi fort bien. Mais leur interêt particulier, & le démon de l'avarice qui les poſsède, les porte à ſacrifier le ſalut public, le bien de l'Etat, la propre reputation de Vôtre Alteſſe, leurs devoirs, leur conſcience, & jusques à la crainte de Dieu, à leurs coupables vûës, & au Profit qu'eux & leurs Créatures tirent de cet abus Selon nous & ſelon le ſentiment de toute perſonne intelligente il reſulte de là pour Vôtre Alteſſe & pour ſes Etats plus de mal que n'en a jamais cauſé la Guerre de *Brunſvic*, où que n'en cauſe actuellement l'Expèdition

mi-

militaire de *Spinola* dans le Palatinat, vû que ces dernières calamitez font paſſagères & ne durent qu'un tems, dont même ont peut eſpèrer de réparer les effèts facheux avec la bénédiction de Dieu dans quelques années ſuivantes, au lieu que la cherté introduite par des monoies altèrées ne peut jamais être abſolument extirpée, ni les choſes entièremert remiſes ſur l'ancien bon pié. Le profit particulier immenſe qu'en retirent vos Miniſtres infidèles, c'eſt qu'en premier lieu *ils obligent les Intendans ou Maîtres de la monoie de leur donner annuellement de chaque Hôtel de monoie des ſommes conſidérables, & telles qu'il leur plait de les preſcrire,* comme une recompenſe de leurs peines, ce qui eſt une des cauſes de l'altèration des monoies. Si cela excite le Fiſcal impérial à former une dénonciation & plainte qu'on peut nommer déshonorante, on abolit ſur le champ la monoie dont il s'agit, mais ce n'eſt qu'une *feinte*, parceque tout de ſuite on en fabrique quantité d'autres nouvelles, qui ne valent pas mieux, &

Q ſ   cette

cette moquerie pourroit bien avoir de mauvaiſes ſuites tant pour ceux qui en ſont les auteurs que pour Vôtre Alteſ-ſe, à préſent que la dernière Victoire de *Boheme* relève les forces de l'autori-té impèriale. En ſecond lieu *ils tirent un grand profit ſur la Livraiſon de l'ar-gent*, & voilà pourquoi ils ſont ſi at-tentifs ſur cet article, & peuvent ſi peu ſouffrir que d'autres s'en mêlent. Il n'y a pas long-tems que l'un d'en-tre eux fit apeller auprès de lui ſous des aparences honnètes un Heſſois qui avoit fourni quelques Lingots d'argent à la monoie de *Brunſvic*, & ne ſe con-tenta pas de le faire jetter dans un ca-chot, dés-qu'il le tint, par une trahi-ſon manifeſte, mais il ne le remît mê-me en liberté qu'après l'avoir accablé de menaces, & avoir obligé le bon Heſſois de s'engager par ſerment & par écrit de lui payer pour lui en par-ticulier contre tout Droit une amende exceſſive de pluſieurs milliers d'écus, tout comme ſi ces gens avoient affer-mé le Privilege excluſif d'écorcher, & le Droit de n'y admettre perſonne.

En

En troisième lieu ils laissent volontiers à Vôtre Altesse seule la prérogative de fournir aux besoins coûteux tels que le Charbon & d'autres matériaux, (ce qui causera enfin une devastation des Forêts irreparable & insuportable pour la postérité) mais quand il s'agit du Profit net à partager, c'est toute autre chose. Car *en suposant qu'on divise ce profit en trois parts, il y en a sûrement deux pour eux*, & Vôtre Altesse n'ayant guères de peines ni de soins à se donner, peut bien selon eux se contenter de la troisième. &c.

PRE-

VII.

PREMIERE DISSERTATION
SUR L'EMPLOI DE
MINISTRISSIME.

PAR

GUILLAUME SCHROETER

DE BISCHWEILER

CONSEILLER ET SECRETAIRE INTI-
ME DE SA MAJESTE IMPERIALE.

1 6 8 0.

§. I.

Le mot de *Ministrissime* n'est pas
Latin. Il a été nouvellement inventé
par les François. On a commencé à
s'en servir dans le temps que le Cardinal
Mazarin gouvernoit la France. Ce
Cardinal n'a pas rougi de recevoir ce
Titre arrogant dans les Lettres qu'on
lui écrivoit, & a été par conséquent le
prémier de tous, qui au grand dés-
honneur des Princes a publiquemeut
voulu être appellé de ce nom impie,

cri-

criminel, & gènèralement odieux. Les
François l'appellèrent donc *Miniſtriſſime*, ce que d'autres expriment plus élé-
gamment en diſant: *Premier - Miniſtre
d'Etat.* Chez les Turcs c'eſt le *Grand-
Viſir.* La *France* & l'*Eſpagne* ont été
long-tems ſous la ferule de cette eſpèce monſtrueuſe de-Miniſtres. En France ſous le règne de HENRI, de FRAN-
ÇOIS II. & de CHARLES IX. c'étoit le
Duc de *Guiſe.* Sous LOUIS XIII. il y
en eût trois de ſuite, le Marquis d'*Ancre*, le Duc de *Luines*, & le Cardinal
de *Richelieu:* Sous LOUIS XIV. le Cardinal *Mazarin.* En *Eſpagne* on a vû
ſous le règne de CHARLES V. le Cardinal *Granvelle*, Evêque d'*Arras;* ſous
PHILIPPE II. *Gomez de Sylva*, ſous
PHILIPPE III. *le Comte-Duc d'Olivarez*, & aujourdhui nous y voyons encore *Don Louis de Haro.* Ce n'eſt pas
que d'autres Empires, Royaumes &
Principautez n'ayent auſſi eû leurs *Miniſtriſſimes*, les Cours des Rois & des
Princes n'ayant jusques ici oſé s'attaquer à cette licence, ni mépriſer le
choix de leurs Maîtres. Cependant la

mort

mort défirée du Cardinal *Mazarin* &
la graudeur d'ame du préfent Roi de
France (*) a mis de ce côté-là fin à cette tirannie effrenée, & par là ce Monarque a rétabli la Majefté Royale dans fon
éclat & daus tous fes droits.

§. II.

Le *Miniftriffime* eft le *Vicaire du
Prince.* Son autorité, fondée fur la
longue confiance du Prince, & qu'il af-
fermit en partie par les moyens que
fon Emploi fournit, & en partie par
des voyes violentes, le met en état de
s'emparer de toute la puiffance, & de
gouverner tout à fa volonté, fans rendre compte de fes actions à qui que ce
foit.

§. III.

Quatre caufes principales concoureut
à favorifer les coupables entreprifes de
ces hommes corrompus, & à infecter
les Gouvernemens de cette pefte funefte

(*) LOUIS XIV.

ſte, dont *la prémière* eſt la *trop exceſſive bonté des Souverains.* C'eſt dequoi ſe plaignoit le Roi *Abasverus* en faiſant l'énumération des crimes d'*Haman*, fils d'*Amadathus*, de la race d'*Agag*. Ces gens, dit-il, indignes de la clemence de leurs Maîtres, & incapables de faire un uſage convenable des honneurs qu'on leur rend, abuſent de la grace des Souverains & des Rois & de la candeur des Princes qui jugeant des autres par eux mêmes ſont *deçûs par des flateries pernicieuſes & de faux raports* (*). La *ſeconde cauſe* de ce mal c'eſt *la foibleſſe d'eſprit* du Prince. Le Miniſtre qui voit ſon Maître peu capable de tenir les rênes du Gouvernement ſe rend Maître de tout, & rompt la tête du Souverain timide de tant de choſes, qui quoi qu'elles ſoient témèrairement avancées, reduiſent le Prince qui ne peut reſiſter à l'impétuoſité du Mini-ſtre, à garder le ſilence, C'eſt dequoi nous avons un grand exemple dans la perſonne d'*Isboſeth*, à qui *Abner* an-nonçoit ſa perdition finale avec une

har-

(*) Eſther VI.

hardieſſe impètueuſe (*). La *troiſième cauſe* a lieu *quand le Prince eſt nouvellement parvenu au Gouvernement.* Car le Miniſtre, qui ſe trouve déjà revêtu de la puiſſance, conſidère le Prince novice comme s'il ne regnoit que par grace; & comme étant mieux au fait de tout ce qui eſt relatif à l'Etat, il ſe conſtitue Gouverneur du Souverain. Plein d'une audace extravagante, mépriſant le Prince nouveau - venu, il poſtpoſe l'autorité de ſon Maître à la ſienne propre, comme provenant de l'Etat. Ainſi *David* ſe plaignoit de ſon ſort, de ce que *Roi foible encore* (*) il ne pouvoit reſſentir les opprobres que *Joab* lui faiſoit eſſuyer. La *quatrième cauſe* du pouvoir exceſſif du Miniſtre c'eſt lorsqu'il eſt *conſtamment heureux en guerre & que la fortune ne ſe laſſe point de le favoriſer,* ce qui le rend ordinairement formidable tant à ſon Souverain qu'aux Etrangers. Ceux-ci ſont les plus mauvais de tous parcequ'ils peuvent intimider les Rois par la voye des armes, com-

(*) II. Sam. III, 11.

(**) II. Sam. III, 39.

comme fit *Abner* (*). Quelques fois
les Princes transfèrent leur autorité &
les soins du Gouvernement à *un seul,*
parcequ'*ils n'aiment pas à s'apliquer*, &
qu'ils souhaitent de pouvoir *vaquer à
leurs plaisirs* avec une entière liberté. Il
ne convient pas de nommer les *Mini-
striſſimes* de nôtre siècle. Mais qui qu'
ils soient ils portent un préjudice trés-
grand à l'Etat auſſi bien qu'à la renom-
mée & à la Grandeur des Princes que
nous devons reſpecter.

§. IV.

Il n'y a ni peſte ni autre fléau, de
ceux dont la juſte colère de Dieu viſite
quelque fois les Etats & les Princes,
qui puiſſe être comparé avec ces hommes criminels, avec ces monſtres d'in-
humanité, qui ſont aveugles, & dont
on ne trouve pas les exemples dans l'
Hiſtoire ancienne ſeule. Nôtre siècle
helas ! fournit auſſi les preuves des
maux que ces Serviteurs infidèles *raſ-
ſemblent ſur la tête de leurs Souverains par*

Tom. III. R *leurs*

leurs Conſeils perfides (*), car il ne ſe con-
tentent pas d'opprimer les ſujets; yvres
de leur gloire *ils tendent auſſi des pièges
aux bienfaiteurs mêmes, qui leur ont confié leur autorité* (**).

§. V.

Le Prince donc, qui a à cœur le
ſoin de ſa propre gloire & le Bien de
l'Etat éloignera de lui ces animaux auſſi
dangereux que téméraires, ou il prendra tout au moins de ſolides méſures
pour mettre des bornes à leur pouvoir.
Il vaudra par conféquent la peine d'indiquer les caractères auxquels on les
peut reconoître, & de découvrir aux
Princes les ruſes dont il ſe ſervent pour
s'élever & les couleurs qu'ils donnent
à leurs mauvais deſſeins.

§. VI.

Le plus ſouvent ce ſont des Etrangers, qui, choiſis par les Souverains
pour

(*) Eſth. VI.

(**) Ibid.

pour être employez dans le Ministère,
se font ensuite élevez au poste suprème
de *Ministrissime*. Les Sujets néz dans le
Païs ont naturellement trop de respect
pour leurs Princes, pour oser former
de si hautes entreprises. *Haman* étoit
de cœur & de nation un Macédonien,
& nullement de famille Persienne (*).
Mazarin étoit Sicilien de naissance. La
première règle à donner donc c'est qu'un
Prince doit être en garde contre ceux
de ses Ministres, qui sont *Etrangers* de
naissance, & penser qu'ils font néz pour
d'autres & non pour lui (**).

§. VII.

Qu'un Prince tienne en *second lieu*
pour suspecte la foi de ceux, qui se
font trop respecter, & qui obligent chacun à fléchir les genoux devant eux.
Car ceci est le premier dégré par lequel
ils tachent à s'élever plus haut à l'aide
de toute sorte de ruses. *Tous les Servi-*

R 2

teurs

(*) Esth. VI.

(**) Il n'y a point de règle qui ne soit sujette à
quelque exception.

teurs du Roi, eſt - il dit dans *Eſther* (*)**,** *qui ſe tenoient aux portes du Palais fléchiſ-ſoient les genoux devant* Haman, *&* *l'adoroient.* Le Prince doit réünir en ſa Perſonne ſeule toute l'autorité Souveraine & ne point ſouffrir de Compagnon dans le Gouvernement. Après cela le Souverain doit auſſi regarder comme ſuſpects ceux qui s'efforcent d'être admis à toutes les affaires du Prince, & qui accompagnent aſſidûment ſes pas où qu'il aille: car par cette aſſiduité importune & en ſe trouvant toûjours ſur les pas du Souverain leur unique but eſt d'empêcher que d'autres ne le puiſſent entretenir & inſtruire & en le tenant ainſi dans une ignorance de toutes choſes, de l'obliger à ſe commettre entièrement à leur foi, & à n'avoir de la confiance qu'en eux ſeuls. En *troiſième lieu* le Prince doit ſe défier de ceux qui lui font de gros préſens, car ce n'eſt que dans la vûë qu'ont ces harpies de retirer le double ou le triple de ce qu'ils lui préſentent. D'ailleurs il eſt du Prince de donner & non de recevoir.

Con-

(*) Chap. III.

Confultez l'exemple de *Haman* (*). Ces gens imitent une certaine efpèce d'infectes, connus en Hollande fous le nom de *Wachthauder*, qui ne mangent rien de tout le jour, & qui, dés-que les tenèbres de la nuit couvrent la terre, dévorent fans pouvoir fe raffafier. La *quatrième* Claffe à laquelle le Prince ne doit pas fe fier eft celle de ceux, qui penfent que, quelle grace que le Souverain leur faffe, ils en méritent davantage. Leur arrogance excède tout ce qu'on en peut dire, & fondez fur ce qu'ils croient avoir mérité de l'Etat, ils s'imaginent que tout leur doit être permis. Mon Prince doit fe défaire de ces gens là, & aprendre à devenir fage par l'exemple d'*Isbofeth* (**). Heureux celui qui devient prudent au péril des autres. La *cinquième* efpèce ce font ceux que le Prince honore de fa familiarité, ce qui les rend fuperbes vis-à-vis des autres & infolens envers le Prince même. Car la bonté du Prince & les honneurs dont il les comble ne produifent en eux d'autre

R 3 tre

(*) Efth. III.

(**) II Sam. III, 8.

tre effèt que celui d'en abufer pour devenir plus arrogans (*). En *fixième* lieu je tiens encore pour dangereux ceux qui rabaiffent les actions de ceux qui ont bien mérité de l'Etat, foit par leur filence, foit, qui pis eft, en les déprimant, ou en tentant de les interprêter en mal par des menfonges. Ceux-ci font enclins à un nombre innombrables d'autres vices; leur Langue intempèrante ne ménage pas le Prince même, comme fit *Abner* (**) & *Joab* (***). Ils s'émancipent auffi, comme s'ils y étoient autorifez à examiner les actions du Souverain, & ofent lui demander avec un vifage fevère raifon de fes Procèdez. Ainfi *Joab* connût de ce qu'avoit fait *David* en laiffant aller *Abner* fans le punir. *Qu'as-tu fait,* dit-il à *David. Voici* Abner *eft venu auprès de toi; pourquoi l'as-tu renvoyé, & laiffé aller fon chemin* (****)? Ils trompent ainfi les

Prin-

(*) Efth. VI.

(**) II Sam. III.

(***) II Sam. XIX.

(****) II Sam. III.

Princes, qui jugent des autres par leurs propres fentimens, par des rufes recherchées (*), & font capables de pourfuivre injuftement jusques à la mort ceux qui refufent de s'attacher à eux, rendant par là le Prince coupable du fang innocent. *Enfin* je regarde comme pernicieux ces Serviteurs, qui veulent avoir la principale part à toutes chofes, & qui, forcez enfin de craindre ceux qui fe diftinguent par des mœurs louâbles & par la bonté de leur caractère, les éloignent, afin que ni l'Etat ni le Prince ne puiffent retirer aucun fruit de gens fi eftimables. Il y a encore un mot a dire fur une circonftance que j'abhorre au moins autant que les autret. C'eft que le plus fouvent ces Tirans des Souverains *ont recours à leurs femmes*. Il ne convient pas d'en dire davantage. En voilà affez pour les Lecteurs intelligens. Tel fut auffi *Haman*. Voy. Efth. V.

R 4   §. VIII.

(*) Efth. XVI.

§. VIII.

Ainsi, en fupofant que le Souverain veut bien recevoir des Confeils falutaires, je l'exhorte à congèdier *dabord* tout Miniftre en qui il remarque trop d'ambition & d'avidité de louänge & de gloire; & à élèver au contraire ceux qui fuient les honneurs. *Abasverus* eût fujèt de fe répentir d'avoir élèvé *Haman* & *pofé le Trône de cet infidèle au deffus de tous les autres Seigneurs qui étoient avec lui* (*). En *fecond* lieu le Prince ne doit point tolèrer ceux qui parlent avec effronterie, ce qui indique un mauvais caractère. En *troifième* lieu l'exemple d'*Ahasverus* (**) doit lui enfeigner à ne point faire rendre des honneurs exceffifs a un feul Serviteur par tous les autres. En *quatrième* lieu il doit bien examiner les confeils que lui donne le Miniftre, & ne fe point presfer dans leur execution. Car de mauvais deffeins peuvent réuffir quand on

s'y

(*) Efth. III.

(**) Ibid.

s'y prête avec précipitation, au lieu que de bons conseils ne perdent rien pour être suivis avec mésure & précaution.

Supofé que le Miniftre foit déjà parvenu à un dégré de puiffance qui le rend formidable au Prince même, le Souverain doit diffimuler fa crainte, former une refolution vraiment roïale & prendre de juftes méfures pour envoyer fon Serviteur infidèle au fuplice. Ainfi perít *Haman* (*). Que fi le Prince trouve du danger à fuivre cet avis, il doit fous quelque prétexte honorable lui donner une Commiffion à exècuter hors de fes Etats, ou fe fervir de tous les moyens poffibles pour lui faire confumer fes richeffes. Supofé que cet expèdient n'ait auffi pas le fuccés défiré le plus fûr fera pour le Prince de choifir un autre bon fujèt & de l'élèver au même degré d'honneur & de faveur, qui foit capable par une conduite louäble d'obfcurcir ia reputation du prémier. C'eft ainfi que *David* reprima l'arrogance de *Joab* en conferant à *Hamafa*

R 5

les

(*) Efth. VII.

les mêmes honneurs dont *Joab* avoit
jouï (*). Mais s'il n'est pas possible
d'abattre le Ministre du prémier coup,
le Prince doit se garder de lui témoig-
ner aucune colère, dissimuler, & atten-
dre un temps plus opportun, de peur
que les mauvaises dispositions du Ministre ne se tournent en rage, comme
l'expèrimenta *Isboseth* à son dam (**).
Enfin ce que je recommande sur toutes choses au Prince, c'est de ne jamais
accorder l'autorité sur les forces militaires à un pareil Ministre.

§. IX.

Les ménées que le *Ministrissime*, qui
pense à se maintenir dans son poste,
met ordinairement en œuvre, sont les
suivantes. *Dabord* il remplit ses Cof-
fres d'or, parceque l'Or rend tout possible. Ainsi *Haman* avoit ramassé tant
de richesses, qu'il se vit en état *d'offrir dix mille talens pour en acheter le
droit*

(*) II Sam. XIX, 13.

(**) II Sam. III.

droit d'exterminer les Juifs (*). *Ensuite*
il refuse des honneurs qu'on lui offre
pour éviter de se rendre suspect d'orgueil. En *troisième* lieu s'il y a quelque occasion de faire du bien aux Peuples, il a grand soin de faire répandre
qu'il en est l'Auteur; au lieu que s'il y
a des punitions à infliger il en fait tomber la haine sur le Prince, & se met à
couvert par là de ce que ces punitions
ont d'odieux. Ce fut une grande imprudence & témérité à *Haman* de faire
expédier *en son propre nom* les Lettres
écrites pour le massacre de Juifs. En
quatrième lieu il méprise les petites ini-
mitiez, & marques d'envie, qui ne
peuvent lui faire aucun mal, faisant
semblant de les ignorer. Ainsi ce fut
une extravagance à *Haman* que d'entreprendre de se venger des honneurs que
Mardochée lui denioit. En *cinquième* lieu
il ne manque pas de noircir & de per-
sécuter autant qu'il peut les Serviteurs
du Prince les plus fidèles & les mieux
affectionnez, afin de leur ôter toute
créance en cas qu'ils vinssent à découvrir

(*) Esth. III, 9.

vrir fes fraudes, & que leur intégrité
& probité les engageât à en informer le
Souverain. Il n'entreprendra pas facilement quelque chofe contre ceux auxquels le Prince eft affectionné, & dont
le mérite lui eft connu, de peur d'y
échouër comme il arriva à *Haman*. *Sur*
tout il prendra bien garde à ne pas of-
fenfer *l'Epouse du Souverain*, dont au
contraire il cherchera d'aquerir la faveur par toutes les attentions poffibles.
Dailleurs il empêchera tant qu'il pourra
que le Prince n'admette d'autres gens
à fes entretiens familiers, de peur d'être
fuplanté, & que quelque autre ne par-
vienne au même dégré de faveur. *Enfin*
il doit confidèrer le plus haut faîte de
fa fortune & le comble des honneurs
dont il jouït comme les fignes les plus certains d'une chûte prochaine (*), ce qui
le rend d'autant plus circonfpect & attentif à toutes chofes. Ils fçavent le
mot du Poëte:

  - - - - *Summisque negatum*
Stare diu.

            Tel-

(*) Efth. **V.**

Telle est la Loi du Ciel, nul excès n'est durable,
S'il passe le commun, il passe promptement.

Ce qui revient à ce que dit *Hipocrate* de la constitution du corps des Athlètes.

§. X.

Dans les Gouvernemens monarchiques tout dépend des ordres des prémiers Ministres d'Etat, mais il n'y en a point de tels dans les Republiques, parceque les principes de l'*Aristocratie* & de la *Democratie* ne souffrent pas qu' un pouvoir si ample réside dans une seule & même personne. C'est là qu'a lieu ce mot de TIBERE: *Plures societatis laboribus facilius administrare Rempublicam. Quand plusieurs associent leurs travaux, le Gouvernement de la Republiquen' en est mieux administré.* On en voit des exemples, sur tout en *Hollande,* où le Président du Conseil des Etats, sous le titre d'*Avocat* ou de *Pensionnaire de Hollande* représente une espèce de
Pré-

Prémier - Miniſtre d'Etat, de façon pourtant que toute l'autorité ſouveraine réſide dans l'Aſſemblée des Etats; dont le *Penſionnaire* recueille les ſuffrages, & redige enſuite les reſolutions ſelon leur volonté.

Dés qu'un Miniſtre eſt revêtu d'une autorité ſupèrieure à celle de tous les autres, il eſt ſenſé que tout homme prudent lui témoigne du reſpect & toute la défèrence poſſible.

F I N

DE LA PREMIERE DISSERTATION

VIII.

SECONDE DISSERTATION
SUR LE POSTE DE
MINISTRISSIME.
PAR
M. JAQUES THOMASIUS
PROFESSEUR PUBL. EN ELOQUENCE
DANS L'UNIVERSITÉ DE LEIPSIC.

THESE I.

Le Roi est dans la Monarchie ce qu'est le Père de Famille dans sa maisons. J'entens ici par *Roi* tout Prince dont le Gouvernement est monarchique.

II.

Or comme autrefois les Pères de Famille dont la maison & les Biens étoient considérables avoient coûtume de confier la Direction générale de tout ce qui leur apartenoit à celui de leurs Serviteurs qu'ils jugeoient être le plus ca-

capable; il a plû de même quelquefois aux Rois de se décharger du fardeau du Gouvernement sur *un* de leurs
Ministres.

III.

L'histoire sainte nous nomme *Jo-
seph* comme un tel Serviteur, dans la
maison de *Potiphar*. Et son mérite le
conduisit ensuite à devenir le Ministre
du Roi *Pharaon*.

IV.

Nos Historiens parlent plus recem-
ment de pareils Ministres, & nomment
le Comte - Duc *d'Olivarez* sous PHI-
LIPPE IV. Roi *d'Espagne*, & le Marquis *d'Ancre*, ensuite le Duc de *Luines*,
& enfin le Cardinal de *Richelieu* sous
LOUIS XIII. Roi de *France*.

V.

On nommoit autrefois ces
Serviteurs dans les Maisons par-
ticulières Ἐπίτροπες, ou *Procureurs*.
Dans

Dans les Cours des Rois on a coutume d'apeller ces Miniſtres-là des *Miniſtriſſimes.*

VI.

Il n'y a pas extrèmement long-tems qu'on a commencé à ſe ſervir de ce terme en France. Ce fut quand on vit que le Cardinal *Mazarin,* qui fut auprès de LOUIS XIV. la même choſe que ce que le Cardinal de *Richelieu* avoit été auprès de LOUIS XIII, acceptoit ce titre avec complaiſance.

VII.

Nous avons auſſi adopté ce mot, non qu'il ſoit Latin, ni fort propre, mais parce qu'il exprime beaucoup en peu de Syllabes. Car ſans cela nous aurions bien pû lui ſubſtituer, comme d'autres ont fait, celui de *Prémier-Miniſtre d'Etat.*

VIII.

Par ce que nous venons de dire il y auroit lieu d'employer ici ce que les

Savans nomment συνεπτυγμένας ὑπογρα-
φὰς, que nous apellons ordinairement
des *Definitions tranfpofées*, en difant que
l'Επίτροπος, ou *Procureur* eſt le *Miniſtris-
fime* dans la maiſon d'un Particulier,
comme le *Miniſtriſſime* eſt Επίτροπος ou
Procureur génèral du Royaume.

IX.

Pour définir d'une manière plus
complette & plus parfaite ce que c'eſt
qu'un *Miniſtriſſime* nous dirons que c'eſt
(1) *un Adminiſtrateur* (2) *public, qui dirige lui feul toutes chofes à la place du*
(3) *Roi* (4) *majeur &* (5) *préfent, dans*
(6) *toute l'étenduë de l'Empire.*

X.

Je l'ai apellé *en prémier lieu* un *Adminiſtrateur*, non un Seigneur, pour le
diſtinguer du Roi - même, qui, quoi
qu'il ait confié à ce Miniſtre l'adminiſtration de toutes chofes, ne s'eſt pourtant nullement dépouillé du Pouvoir
fouverain.

XI.

XI.

En *second* lieu je l'ai nommé un Adminiftrateur *Public*, afin qu'on ne le confonde pas avec celui qui n'eft que le *Favori* du Roi, ou *Mignon*, comme on les apelle en *France*. Car celui - ci peut être trés - agréable au Roi, & pos- sèder plus de faveur qu'aucun des Cour- tifans, & cependant n'avoir aucun em- ploi public.

XII.

J'ai dit en *troifième* lieu que c'étoit *l'homme du Roi*, pour faire la diffèrence entre lui & cette efpèce de Miniftriffi- mes qu'on voit auffi quelquefois dans les Gouvernemens Polyarchiques (*).

XIII.

Mais je veux qu'on entende égale- lement fous le mot de *Roi* ces Reines, qui font parvenuës à la Souveraineté

S 2　　　dans

(*) Où la Regence eft adminiftrée par plufieurs perfonnes.

dans ces Royaumes héréditaires, où les femmes font apellées à la fuccefſion au defaut des mâles. Pour prévenir toute chicane de Grammaire, j'allèguerai l'exemple de MARIE, fille de LOUIS Roi de Hongrie, qui, lorsqu'elle eût été mife en poffeffion du Royaume, voulut être apellée ROI, & non *Reine*. On fait qu'elle eût *Nicolas Gara* pour fon *Miniſtriſſime*.

XIV.

En *quatrième* lieu, c'eſt le Procureur, avons - nous dit, d'un Roi déjà *majeur*, afin qu'on ne le confonde pas avec le Tuteur d'un Roi.

XV.

En *cinquième* lieu ce Roi majeur doit être *préfent*, c'eſt à dire, réfidant actuellement dans quelque lieu de fon Royaume. Cela forme la différence entre l'Adminiſtrateur dont il eſt queſtion ici, & un Vice - Roi que le Roi ab-

abſent conſtitue pour gouverner un Royaume à ſa place.

XVI.

Enfin j'ai dit en *ſixième* lieu que le *Miniſtriſſime* dirige abſolument lui *ſeul* toutes choſes dans *toute l'étenduë de l'Empire*, en quoi il diffère de ces Miniſtres qui n'en dirigent qu'une partie, ou de ceux qui ont des Collègues adjoints, dont l'autorité égale la leur, ou de celui enfin avec lequel le Roi partage en perſonne les ſoins du Gouvernement.

XVII.

La Définition que nous venons d'expoſer nous ſervira à éloigner toute ambiguité de ce que nous entendons par le Titre de *Miniſtriſſime*, que d'autres pourroient croire devoir être donnez a quelques uns de ceux que nôtre Définition exclut.

S 3

XVIII.

XVIII.

Cependant il eſt vrai que nôtre *Mi-niſtriſſime* a de commun bien des choſes avec d'autres Miniſtres, que nous ne voulons pas ſelon nôtre définition être compris dans la même catégorie, ce qui nous a mis dans l'impoſſibilité d'en donner une idée qui ne reſſemblât ab-ſolument en rien aux autres. Cepen-dant il n'aura pas été inutile de renfer-mer le ſens du mot *Miniſtriſſime* com-me nous le prenons dans les bornes qu nôtre Définition poſe.

XIX.

Cependant nôtre *Miniſtriſſime*, com-me il ſert ſon Roi en qualité de princi-pal Adminiſtrateur du Gouvernement, pourra, auſſi, comparé à ceux, qui en vertu d'un pouvoir analogue au ſien, prétendroient au même tître, être regardé comme leur ſemblable en tous les points analogues, d'où l'on peut tirer des conséquences ultèrieures à tous les autres égards.

XX.

XX.

Un *Miniſtriſſime* a plus facilement lieu dans un Roïaume héréditaire que dans un Roïaume électif.

XXI.

L'établiſſement du *Miniſtriſſime* a pour fondement un Conſentement reciproque.

XXII.

Les cauſes qui déterminent le Roi à vouloir être débaraſſé des ſoins du Gouvernement, ſont ordinairement ou *l'incapacité*, ou la *pareſſe*, ou l'une & l'autre enſemble.

XXIII.

L'affection dont le Roi ſe prend pour un homme contribuë beaucoup plus ſouvent que de ſages reflexions à le faire choiſir pour lui confèrer à lui ſeul le ſoin du Gouvernement.

XIV.

XXIV.

Car quelles reflexions peut-on se promettre d'un Roi naturellement incapable?

XXV.

Un Roi éclairé, quand même il seroit ennemi du travail, s'il est sage, se reservera toûjours la partie la plus facile du Gouvernement, & demeurera l'arbitre & l'Inspecteur du Ministre, parce que l'Oeil du Maître contient celui-ci dans la crainte & dans le devoir.

XXVI.

En supofant que le *Ministrissime* soit venu à la Cour avec des dispositions de probité, l'oeil du Maître le retient dans le devoir, car il peut arriver à un honnète-homme qu'une fortune excessive éblouït, quand il est abandonné à lui-même, de tomber en faute. Et si le *Ministrissime* est un Fourbe, qui n'a que les dehors du vertu, l'Ol'Oeil du Maître le contient dans la crainte.

XXVII.

Que fi le Roi veut abfolument être déchargé abfolument de tout foin, même de celui d'examiner ou de voir feulement ce qui fe fait, il fera pourtant de la prudence de partager l'Adminiftration publique entre plufieurs, plûtòt que de la confier à un feul. Car perfonne n'eft jamais fon propre délateur. Mais de Collègue à Collègue fouvent l'un eft l'efpion & le délateur de l'autre.

XXVIII.

Il n'a été jusques ici queftion que de ce qui eft perfonnellement relatif au Roi. Venons au *Miniftriffime*. Ce qui détermine ce dernier à fe charger d'un fardeau fi confidérable, c'eft ordinairement l'opinion qu'il a de fa propre capacité, & le défir de quelque bien.

S ƒ

XXIX.

XXIX.

Pour pouvoir entrer à cet égard dans quelque détail, il nous faut diftinguer le *Miniftriffime honnète - homme de celui qui ne l'eft pas.*

XXX.

Car Dieu nous garde de penfer que tout *Miniftriffime* eft malhonnète - homme. Les *Miniftriffimes*, qui fe piquent de probité, font à la vérité bien rares, mais on en trouve pourtant de tels. On a des Rois honnètes - gens, pourquoi n'y auroit-il point de *Miniftriffime honnète - homme?*

XXXI.

Ce dont nous convenons c'eft qu'il arrivera plus aifément qu'un *Miniftriffime honnète - homme* fe laiffe entrainer à la corruption pendant le cours de fa fortune, qu'on ne verra un *Miniftriffime vicieux* embraffer la voie de la vertu. Voy. cy-deffus, thèfe XXVI.

XXXII.

XXXII.

Nous avons ici particulièrement en vuë ce *Miniſtriſſime vicieux*, qui s'étoit déjà adonné au vice avant d'être admis à tenir les rênes du Gouvernement.

XXXIII.

Il y a une autre diſtinction à faire entre les *Miniſtriſſimes vicieux*. Un autre Auteur l'a faite avant nous en parlant des Tirans. L'un l'eſt *ouvertement*, l'autre *maſque ſes vices*.

XXXIV.

Mais s'il eſt vrai, qu'on peut plus aiſément ſe précautionner contre les ménées du *Miniſtriſſime vicieux, ouvertement tel*, il n'en eſt pas moins vrai, que le nombre de ceux, qui maſquent leurs mauvaiſes qualitez, eſt beaucoup plus grand. Un Elève de *Machiavel*, Auteur de l'*Homme Politique*, qu'on a oſé publier il y a quelques années à la honte de notre Siècle, s'eſt peiné de mettre au
clair

clair tous les Principes propres à former un Fourbe pareil.

XXXV.

Ce qui diftingue le plus le *Miniftriffime honnète-homme* du *Fourbe*, c'eft
le dernier but que chacun d'eux fe propofe. Les Confeils du prémier ont toûjours en vûë le *Bien public*, qui ne peut
être affermi que par le maintien de la
Religion. Le fecond ne fe propofe que
l'*Interêt particulier*, c'eft à dire le fien
propre, & non celui du Souverain.

XXXVI.

L'honnète-homme donc, qui veut
bien fe charger du Miniftère fuprème
a pour motif le défir de procurer le
Bien public, & celui de foulager fon
Roi. Le Fourbe ne penfe ni à l'un ni
à l'autre. Il n'eft occupé qu'à fatisfai-
re fa propre cupidité fans fe mettre en
peine du mal qui en refulte pour le
Roi & pour l'Etat.

XXXVII.

XXXVII.

Si ces deux efpèces de Miniftriffimes différent, comme nous venons de
le dire, par le *but* que l'un & l'autre fe
propofe, ils différent encore par les *moyens* que l'un & l'autre emploie, foit
pour parvenir à ce pofte éminent, foit
pour l'exercer.

XXXVIII.

L'honnète-homme le méritera toûjours par fes vertus, mais il ne fe donnera jamais de grands mouvemens pour
y parvenir. Le Fourbe s'efforcera de
parvenir à ce faîte de grandeur par les
voies les plus déshonorantés, ou il tachera par toutes les rufes imaginables
de perfuader qu'il fuit cet Emploi, lors-
même qu'il le défire avec le plus d'ar-
deur.

XXXIX.

Dailleurs l'Honnète-homme ne
cherchera jamais à aquerir les bonnes
graces du Roi que par des procèdez
lou-

louäbles; l'autre s'efforcera de s'emparer de la faveur par de laches complai-
fances & de baffes flateries.

XL.

Quand l'honnète-homme gagne le
cœur du Roi par fes bonnes actions,
fon but eft uniquement de remplir les
devoirs d'un Serviteur qui aime véritablement fon Maître, l'autre ne penfe
qu'à fe rendre le Maître de fon Maître.

XLI.

Si un Prince de peu d'efprit tombe entre les mains de l'honnète-homme, celui-ci fera ce qu'il pourra pour
l'éclairer: le Fourbe au contraire ne
cherchera qu'à entrètenir cette Stupidi-
té, & à l'augmenter, s'il peut.

XLII.

L'honnète-homme fûr du bon témoignage de fa confcience n'obsède-
ra point le Roi par des affiduitez dépla-
cées: le Fourbe à qui fa confcience fait
mille

mille redroches fe tiendra le plus qu'il pourra auprès de la perfonne du Souverain.

XLIII.

Jamais l'honnète-homme ne cherchera à s'élèver fur les débris de la fortune d'un autre; l'autre tendra à ce but & tachera d'y parvenir par les voies les moins permifes.

XLIV.

Parvenu au plus haut dégré d'autorité, l'Honnète-homme aura à cœur par deffus toute chofe de faire refpecter la Religion, dont l'autre ne fe mettra jamais en peine.

XLV.

L'honnète-homme ne changera pas facilement la forme du Gouvernement qu'il aura trouvée établie, ou, s'il y change quelque chofe, ce ne fera qu'en mieux. Le Fourbe ne croira s'aprocher de fon but qu'autant qu'il aura

ra rendu la forme du Gouvernement
deſpotique.

XLVI.

Il ſuit de là que le *Miniſtriſſime*
honnête - homme ſe gère en *Vicaire d'un
bon Roi*, & le Fourbe en *Vicaire d'un
Tiran.*

XLVII.

L'honnête - homme pourvoira autant qu'il lui ſera poſſible au maintien
de la Paix publique, à la ſûreté & à
la tranquillité des particuliers, & à l'abondance; Le fourbe ne donnera ſon
attention qu'à ce qu'il trouvera convenir à ſon interêt particulier. Il excitera
s'il le faut pour cela des guerres avec
les voiſins, fomentera les factions dans
les provinces, & épuiſera les bourſes
des ſujèts.

XLVIII.

En tout cela le Fourbe penſera
ſans ceſſe beaucoup moins à enrichir
ſon Roi qu'à s'enrichir lui - mème;
au

au lieu que l'honnète - homme s'occu-
pera à remplir les thresors de son Maître, & jamais à thésaurifer pour soi.

XLIX.

Content de son fort l'honnète-
homme n'aura jamais l'intention de
dépouiller son Maître de l'Autorité Souveraine ; à quoi tendront tous les vœux
du Fourbe, & si le succès n'y repond
pas, comme il arrive souvent, ce ne sera pas au moins la faute de sa volonté.

L.

Y ayant si peu de ressemblance entre les procèdez de ces deux espèces de
Ministrissime, il n'est pas surprenant qu'
il n'y ait aucun raport entre la fin que
fait l'un, & celle que fait l'autre. Je ne
veux pas dire justement par là que la
Probité ne soit jamais malheureuse, ou
que la Fortune ne favorise jamais la
Fourberie. Mais le plus souvent ce
font les mœurs de chacun qui causent sa
perte ou son salut.

LI.

L'expèrience conftate que peu de Miniftres fourbes on fait une bonne fin. S'ils ont duré pendant tout le règne d'un Souverain, le fucceffeur leur a fouvent infligé la jufte punition de leurs crimes.

LII.

La raifon, pour laquelle l'Emploi de *Miniftriffime* eft toûjours un pofte trés-dangereux, même pour un honnète-homme, c'eft qu'il eft le plus élevé, & qu'il n'eft appuyé que fur des fondemens peu folides.

LIII.

L'élèvation du *Miniftriffime* aproche le plus de celle du Souverain. Un tel faîte de Grandeur excite l'envie, & la cupidité de plufieurs, qui ne ceffent de tendre des pièges à celui qui eft en place.

LIV.

LIV.

La Probité en elle - même ne suffit pas pour se garantir de tant de pièges. Car outre que dans ce monde le Vice a plus de Partisans que la Vertu, ce que les meilleurs Ministres ont quelque fois experimenté avec grand préjudice, le plus grand risque du *Ministrissime* provient de ce que son autorité n'est point fondée sur son propre pouvoir, mais sur celui d'autrui, savoir sur la faveur du Souverain.

LV.

Or la faveur des Souverains est non seulement sujette à cette instabilité générale qui est attachée à toutes les choses du monde, mais elle l'est particulièrement sous ces Rois, dont nous avons parlé - cy - dessus, (th. XXII.) qui ne veulent être déchargez du fardeau du Gouvernement que parcequ'ils manquent de capacité, ou qu'ils aiment mieux s'occuper de leurs plaisirs que des devoirs de leur état.

T 2

LVI.

LVI.

Les uns font ignorans à tous égards, les autres ignorent quantité de chofes qu'il leur feroit utile de fçavoir, & cette ignorance les rend facilement foupçonneux.

LVII.

Le *Miniftriffime* a fans doute pour lui la Confiance dont fon Roi l'a honoré, & la bonne opinion qu'il a conçûë de lui. Mais cette confiance ne le met pas abfolument à couvert des foupçons que peuvent infpirer au Prince contre lui les flateurs, les delateurs, & les envieux.

LVIII.

Quand un Roi s'aperçoit qne toute voie de l'aprocher eft fermée, & c'eft la prémière précaution qu'un Miniftrisfime, qui veut tromper fon Maître, a coûtume de prendre, ce Roi doit tout craindre de fon Miniftre, pour peu qu' il lui refte de bon fens.

LIX.

LIX.

Les choſes étant ainſi il eſt clair que la felicité des *Miniſtriſſimes* en génèral eſt toûjours dans une ſituation douteuſe. Mais le Fourbe a plus à craindre dans tous les cas que l'honnète - homme, parce que ſa fortune n'eſt apuyée que ſur des ruſes & ſur des crimes, au lieu que le ſecond a conſtamment pour lui ſa vertu & ſes bonnes actions.

LX.

Par cette raiſon le témoignage d'u-ne bonne conſcience rend le Miniſtre honnète - homme ferme & ſoûtient ſon eſpèrance même au plus fort du danger; tandis que le Fourbe tremble toûjours, ou n'a recours qu'à des conſeils dé-ſeſpèrez.

LXl.

Et en effèt ce qui a été entrepris par le crime ne peut guères être con-duit à ſa fin que par une ſuite de cri-mes, ce qui coûte au Miniſtre Fourbe

un

un travail infini. & le tient perpètuellement fur le bord du précipice. Le Miniftre vertueux au contraire eft libre de
tels foucis, & n'a qu'à opofer fa droitu-
re à l'adverfité pour en triomfer.

LXII.

Il y en a eû, qui ont crû qu'au
cas que leurs coupables ménées vinffent
à être découvertes, ils pouvoient s'as-
fûrer l'impunité foit par la Pourpre,
foit par d'illuftres alliances, & fe font
procuré l'un & l'autre de ces avantages.
Il eft pourtant de fait que cet abri n'eft
pas toûjours fuffifant. Il y a infiniment
plus de fûreté à pouvoir *s'enveloper de
fa propre vertu.*

LXIII.

Ajoutez à cela que quand le Miniftre Fourbe a dans le commencement
de fa faveur des fuccès heureux, il
s'oublie aifément jusques à un dégré
d'infolence tout - à - fait infuportable. Il
néglige alors d'ufer de fineffe, comme
fe croïant déjà au deffus de tout. Il ofe
par

par fes paroles ou par fes geftes té-
moigner ouvertement qu'il méprife &
la colère du Roi, & la haine impuiffan-
te du Peuple, qu'il provoque par un
aveuglément que la Juftice divine permet, & hâte par là fa propre perte, le
Roi fe voyant mis ainfi dans les cas d'é-
teindre dans le fang du Criminel fes
reffentiments & celui de fes fujèts. Une
pareille Cataftrofe ne peut jamais arriver au Miniftre honnète - homme, qui
chemine avec fermeté & conftance dans
les voies de la vertu,

LXIV.

Enfin le pis qui puiffe ordinairement arriver à l'honnète - homme c'eft
d'être depouillé de fon Emploi, ce
qu'il regarde comme un bonheur, parceque cela le conduit à pouvoir jouïr
de foi - même & des douceurs d'une
vie privée. Pour le Miniftre Fourbe,
qui ne conoît pas cet avantage, il n'y
a qu'une fin funefte, qui puiffe termi-
ner fon fort & fes crimes.

T 4

LXV.

LXV.

Concluons : que si le Ministre honnète - homme est environné de perils
aussi bien que le Ministre Fourbe, le
sort du prémier est toûjours fort pré-
ferable à celui du dernier parceque la
voie de la vertu est constamment la
plus sûre.

F I N

DE LA SECONDE DISSERTATION.

* * *

Monsr. de *Voltaire* dépeignant un
Ministre du seizième Siècle devenu le
Tiran de son Maître, & dont une fin
sanglante termina le sort, dit (*):

*Nul ne sçût mieux que lui le grand
art de séduire,
Nul sur ses passions n'eût jamais plus d'empire,*

Et

(*) HENRIADE, Ch. III. v. 72. & suiv.

Et ne sçût mieux cacher sous des dehors trompeurs

Des plus vastes desseins les sombres profondeurs.

Altier, impérieux, mais simple & populaire,

Des Peuples en public il plaignoit la misère,

Détestoit des impôts le fardeau rigoureux.

Le Pauvre alloit le voir & revenoit heureux.

Souvent il prévenoit la timide indigence;

Ses bienfaits dans Paris annonçoient sa présence.

Il savoit captiver les Grands qu'il haïssoit;

Terrible, & sans retour, alors qu'il offensoit.

Témèraire en ses vœux, souple en ses artifices

Brillant par ses vertus, & même par ses vices,

Conoissant les périls & ne redoutant rien:

Heureux Guerrier, Grand Prince, & mauvais Citoyen.

Finiſſons ces Reflexions ſur les *Mi-niſtriſſimes* par un mot que j'emprunte-rai encore de Monſr. de *Voltaire* (*):

Tous ces Honneurs mondains ne ſont qu'un Bien ſtérile,
Des humaines vertus récompenſe fragile;
Un dangereux éclat, qui paſſe & qui s'enfuit,
Que le trouble accompagne & que la mort détruit.

(*) HENRIADE Ch. VII. v. 25. & ſuiv.

IX.

IX.

APENDICE

POUR LES
MINISTRES NEGOCIATEURS.

Nous avons trouvé cette pièce dans une brochure
qui a paru depuis peu & nous avons crû qu'elle ne seroit pas déplacée ici.

INSTRUCTION D'UN AM-
BASSADEUR MOURANT A SON
FILS QUI SE DESTINOIT A LA
NEGOCIATION.

Je touche, mon cher Fils, à ma dernière heure, souffrés que j'emploïe le
peu de momens qui me restent à vous
tracer quelques préceptes qui pourront
vous être utiles dans la carrière que
vous allés courir.

Attaché depuis trente ans au Mini-
stére j'ai ébloüi sans persuader, & mes
succés ont été l'effèt du hazard bien
plus

plus que de la Politique & de la faine
on.

Les Inſtructions que je vous donne
ici, feront tout-à-la fois la critique de
ma conduite & la baſe de celle que vous
devés tenir dans la place que vous allés
remplir.

Perſuadé de la dignité de vôtre tître, faites reſpecter l'Ambaſſadeur, mais
ne comprometrés jamais la perſonne, je
ne veux pas dire par là que Minutieux
obſervateur de l'étiquette miniſtèriale,
on ne trouve en vous que l'homme du
Prince ſans y rencontrer l'homme ai-
mable ; quand vous verrés un Miniſtre
concentré ſans relache dans une gravité méthodique, & toûjours rempli de lui-
même & occupé des formalités acceſſoires
de ſa place, prononcés hardiment que
cet homme eſt un eſprit médiocre qui
n'ira jamais au grand ; il ſaura trés-bien
comment un fauteuil doit être placé,
à qui il doit donner la main, & compo-
ſer ſon viſage à l'aſpect du Miniſtre d'u-
ne puiſſance ennemie ou indécife, mais
toute ſa pénètration, bornée au faſte, ne

pou-

pourra s'étendre fur un traité eſſentiel, en faiſir l'eſprit, en prévoir les motifs, & en déterminer les conſéquences.

Depuis que la plûpart des Souverains ſont convenus de n'obſerver que les traités qui leurs ſont avantageux, on a quitté les grandes règles de la Negociation, & on a ſubſtitué la ſupercherie à l'étude de la politique & du droit des gens que ſi peu d'Ambaſſadeurs connoiſſent.

Voïés toutes les Négotiations du quinzieme & du ſeizième ſiécle ; celles que l'équité, la bonne foi, & le code diplomatique ont cimentées, ont paſſé juſqu'à nous dans toute leur intègrité, & les conventions des Princes qui n'ont eû pour baſe que la ſurpriſe & la fourberie, ſont anéanties, & elles ne ſubſiſtent dans les Ecrits des Publiciſtes que pour y dépoſer contre la Gloire de ceux qui les ont ſignées. J'en dois excepter cependant tous les traitez conclus par Louis XI. Roi de France, ce Monarque appellé par tous les Au-

teurs

teurs de ſa Nation (a) *Superſtitieux &*
Fourbe, n'accorda jamais une clauſe de
reciprocité ou d'échange dans une Negotiation, qu'il n'en jurât *in petto*, la
violation au moment de la ſignature;
Louis XI. réüſſit, parcequ'il n'avoit contre lui que des Souverains qui avoient
de la bonne foi, où dont les forces
étoient infèrieures aux ſiennes.

Ce Prince qui, pour me ſervir des
expreſſions de *Mezerai*, fut le premier
qui tira les Rois hors de page, ne doit
point ſervir de modèle, parceque les
ſuccés fondés ſur la violation des loix,
ſont toûjours odieux.

Quand je lis l'Hiſtoire du dernier
ſiècle, je ſuis ſurpris que le Cardinal de
Richelieu, qui avoit le ſens droit & l'a-
me

(a) Philippe de *Comines*, Domeſtique de ce
Monarque, *Mezerai*, *de Thou*, Mrs.
Duclos & *Henault* diſent que quand
Louis vouloit manquer à ſes ſermens il
croioit être à l'abri de la perfidie en
prévenant une petite image de la Vierge
qu'il appelloit la *bonne Dame*.

me élevée, ait emploié, pour réüſſir toutes les petites *fineſſes* qu'un eſprit médiocre met en œuvre; la ſublimité de ſon genie & les grands hommes qu'il trouva à ſon avenement au trône, c'eſt ainſi qu'on doit apeller le Miniſtère de Richelieu, auroient dû lui épargner toutes les ſoupleſſes dont il ſe ſervit, & qui devoient repugner à la hauteur de ſon caractère & de ſes ſentimens; je crois, mon cher Fils, trouver les motifs de la conduite du Cardinal dans les inquiètudes qui agitèrent ſon Miniſtère; ſon autorité l'avoit rendu odieux: que cela ne vous étonne point! Tout homme élevé par ſes dignités ou par ſon mérite au-deſſus des autres, encourra la haine des ſots qui forment la moitié de l'Univers & les deux tiers des Cours; la vie de Richelieu fut expoſée à une infinité de conjurations toûjours terraſſées & toûjours renaiſſantes, & l'embarras & le ſoin de conſerver tout à la fois ſes jours & ſa faveur, ne lui permettant pas d'emploier les grands moiens pour réüſſir, il fut toûjours obligé de faire joüer des petits reſſorts qui le

me-

menèrent à son but par des voyes obliques.

Mazarin lui succèda, & malgré l'étalage pompeux que le Président Hénault fait des talens de ce prémier Ministre, Mazarin ne pouvoit pas être un grand homme, il étoit avare; independamment de ce vice essentiel dans une place supérieure, le Cardinal n'avoit pour lui que l'art de feindre; rampant & petit, quand il doutoit du succès, il n'étoit orgueilleux, que quand il avoit réüssi, tout plein de cette *Astuce* Italienne, il avoit l'art de tromper, misérable talent qui affiche la fourberie & la médiocrité.

Il y a cependant, mon Fils. deux époques glorieuses dans le Ministère de Mazarin, mais si vous reflèchissez sur les objèts qui occupoient alors l'Europe, & que vous raprochiés les evénemens des circonstances, vous verrés que le *Traité de Westphalie* & la *Paix des Pirénées* contribueront peu à la gloire de ce Cardinal.

Les

Les qualités éminentes du Comte d'A-
vaux firent l'un, & la mauvaise foi de
Mazarin signa l'autre; Don Louis de
Haro, génie éclairé & Negociateur trés
supèrieur au Ministre François, fut trompé, parcequ'il avoit de la bonne foi &
qu'il crût que la renonciation à la Couronne d'Espagne étoit réelle. Philippe
IV. son maitre, Prince borné, apella la
renonciation une *Petaradas*, & il devina
juste; pourquoi? c'est qu'il pensoit en
Roi, & que son Ministre avoit raisonné
en *Homme*.

Les circonstances où nous sommes
& la guerre que nous touchons, ne me
permettent point de m'étendre sur ces
deux traités, parce qu'en vous don-
nant des Conseils je ne veux pas écrire une satire.

Fuiés donc ces détours subtils qui
décèlent la secheresse de l'esprit & otent
à la fin la confiance.

Un Ministre des affaires étrange-
res écrivoit à un Ambassadeur de sa
Cour, *promettes toujours, mais nous ne*

tiendrons rien. Celui-ci, qui connoissoit ses forces, & q'ui devoit moins encore à l'étendue de ses talens qu'à sa probité, la reputation dont il joüissoit, répondit, *je ne promettrai point, parceque je ne ne veux pas me déshonorer, vous ne tiendrés rien, puisque je ne vous engagerai point, mais je réüssirai seurement avec de la bonne foi, voilà ma seule finesse, si vous voulés en emploier une autre, rapellés-moi parceque je ne veux pas perdre dans un instant le fruit de vingt années de travaux & de confiance.* Il est à remarquer que celui qui s'expliquoit de la sorte n'a échoüé dans aucune Négociation; ses succès le firent parvenir au Ministère, il eût la foiblesse d'accepter cette place, & la honte de ne pouvoir s'y soûtenir, parceque son esprit porté vers un seul objèt, le remplissoit parfaitement, mais l'étendue de la machine & la quantité de ressorts qu'il faloit faire mouvoir dans toutes les branches de son département, le rebutèrent, il voulût substituer la finesse & la séduction aux grands principes, il dérangea l'état en païant des Espions & en achetant des créatures dans

tou-

toutes les Cours; chacun le trompa,
parcequ'il vouloit tromper, moins par
mauvaife foi que par l'impuiffance où
il étoit de réüffir par d'autres moiens,
& il fut forcé de quitter fa place chargé de la haine de fa patrie & du mépris
des étrangers.

Que cet exemple, l'ecueil de l'ambition, foit toûjours devant vos yeux.
Un Poëte François traduit dans nôtre
langue l'a trés bien dit:

> *Tel brille au fecond rang qui s'éclipfe*
> *au prémier.*

Que d'Empires fauvés! Que de Ba-
tailles gagnées, fi des guerriers excel-
lens pour conduire dix mille hommes
au plus, n'avoient pas préfumé trop de
leurs forces, en fe chargeant du com-
mandement d'une Armée! Fardeau
que la vanité allège aux yeux de celui
qui doit le porter, mais qui n'en a pas
moins un poids réel que la médiocrité
ne peut foutenir.

Il en eft, mon cher Fils, de la
partie politique du Gouvernement
U 2

com-

comme de la militaire ; tel peut suivré avec intelligence l'esprit d'une Cour dans laquelle il est resserré, qui échoüera, quand il voudra étendre sa Negotiation & porter ses vûes trop loin.

Conoissés - vous , & n'embrassés que les objèts que vous pouvés remplir dignement ; j'ai vû toutes les Cours, & au moment ou j'écris cette instrúction, je ne connois que trois hommes en Europe capables d'être à la tête du département des affaires étrangères dans un Royaume vaste ; vous voiés par là que je ne veux point vous parler des petits Princes d'Allemagne & d'Italie ; le train de leur domination se monte comme une pendule à laquelle on rend l'activité, quand les poids affaissés suspendent le mouvement des ressorts.

Quand je vous ai recommandé plus haut de fuïr dans les Négociations dont vous serés chargé, tout ce qui tient au subterfuge & à la finesse, je n'ai pas prétendu vous dire par là de renoncer à l'art de cacher vôtre secrèt en cherchant à dévelóper celui des autres ; il y a

des

des occafions où il eft effentiel de mettre en avant une Propofition fingulière,
chimèrique, & quelquefois revoltante,
pour juger, par l'impreffion qu'elle
fait fur le celui qui l'écoute, de l'efprit
& de l'intention de fa Cour. Le Marquis des *Iffarts*, homme de beaucoup d'
efprit & de talens, difoit en parlant de
cette manière de fe conduire, *c'eft jetter une fotife à terre pour voir qui courra
après;* ces procèdés font des rufes de
l'art qu'on peut emploier fans être taxé
de perfidie; ce font enfin de ces finesf-
fes que le plus fameux des Poëtes La-
tins met à coté du talent: *Dolus an vir-
tus, &c.* Le foin de compofer fa Phifionomie doit fans doute entrer dans
l'art du Negociateur, mais un homme
fupèrieur faura fe fouftraire à cet ap-
prentiffage puérile quoique néceffaire,
s'il conferve toûjours le même vifage
gai ou trifte, ferein où flegmatique; *le
Comte Duc d'Olivarés,* écrivoit un François qui étoit à Madrid, *n'a jamais chan-
gé de vifage; que les Efpagnols foient bat-
tus ou vainqueurs, fa Phifionomie eft la
même, heureux où malheureux, il ne four-*
U 3   *cille*

cille pas, & jamais visage ne fut moins Baromètre *que le sien.* Croiés, mon Fils, que de pareils Ministres, qui joignent une sage discrètion à cette égalité d'humeur, seront toujours impénètrables, & que le secrèt que les Ambassadeurs étrangers croient leur arracher n'est qu'une chose qu'il est essentiel qu'ils sachent pour l'honneur de celui qui fait la confidence.

Les Espagnols que le climat & l'orgueil rendent flegmatiques, se laissant rarement deviner, pénètrent sans peïne ceux qui veulent les approfondir, & ils ont déjà vôtre secrèt quand vous cherchés le leur.

Le talent ne consiste pas dans le flegme, mais une présence d'esprit taciturne réunie au mérite, contribue beaucoup au succès, & triomphera toûjours à coup sûr de cet esprit volatile & superficiel qui consiste dans un assemblage de grands mots qui annoncent moins un politique qu'un homme fastueux qui croit que l'Europe doit être tranquille, quand il a dit *le Roi son Maître.*

Gar-

Gardés - vous d'avilir jamais vôtre dignité, mais n'allés pas donner dans une autre extrèmité, en affectant toûjours de vous monter fur des échaſſes & de compromettre vôtre Souverain en le plaçant par tout; foyés Miniſtre dans le cours des affaires foumifes à vôtre négotiation, mais ne prenès point le ton d'un Ambaſſadeur dans la focieté où vous êtes éntrainé par la neceſſité de vous diſtraire du travail & de chercher de la diſſipation.

La gravité Miniſtèriale eſt un fardeau qui devient incommode à méfure que vous le portez mal à propos. J'ai vû à la Cour de Turin un Ambaſſadeur qui ne prenoit jamais fon chocolat que fon maître d'hôtel, qui l'aportoit, ne fut précèdé de deux Ecuyers & fuivi de vingt Valets de pié; Ce pénible fervice étoit à peine fini que le Miniſtre éconduifant d'un gefte toute cette Valetaille, fe plaignoit du joug fuperbe auquel fa dignité l'aſſerviſſoit, grimace dont perfonne n'étoit la dupe, parceque l'on ne plaint point un homme qui fe met lui - même dans les fers.

        Evi-

Evités aussi ces cérèmonies d'éclat qui, tenant de la Souveraineté, sont au dessus de la qualité d'un Représentant, dont les fonctions sont toûjours motivées, quoique subordonnées aux circonstances; n'allés pas imiter cet Ambassadeur qui voulant parodier son Maître dans une cérèmonie respectable, lavoit tous les Jeudis Saints les piez de douze pauvres; acte apparent d'humilité, qui affichoit l'orgueil le plus ridicule.

Respectez les lieux où vous êtes; le Représentant d'un Souverain, que dis - je? un Souverain même, ne peut, dans une Cour étrangère, exercer aucun acte d'autorité sur ses propres sujèts.

L'Ambassadeur d'une certaine Puissance fit pendre à Constantinople vers le milieu du siècle dernier un de ses gens dans la Cour de son Palais, le Grand Visir ne s'en plaignit point, parcequ'il dit que c'étoit un *Chrêtien* de moins, mais si cet attentat avoit été commis dans toute autre Cour de l'Europe, il pouvoit entrainer une guerre dont la

tête

tête de l'Ambaſſadeur indiſcret auroit répondu.

Je ſais, mon Fils, que des Miniſtres ont prétendu établir la validité du prétendu droit de juger leurs gens, mais ils ont eu tort; je vous renvoye pour n'en pas douter, à ce qui arriva ſous Louis XIV. lorsque cette femme trop fameuſe, qui quitta la religion de ſes Pères par inconſtance, & le Trône par ſingularité, viola l'azile que le Monarque françois lui avoit donné à Fontainebleau; CHRISTINE condamna le Marquis *Monaldeſchi* ſon prémier Ecuyer à mort, & le fit perir dans la Sale *des Cerfs*, ou les murs teints encore du ſang de ce malheureux, dépoſent contre la Reine de Suède.

Le Roi trés - chrêtien inſtruit de cette forme illicite de procèder, priva CHRISTINE de la retraite honorable qu'il lui avoit donnée (b), & lui fit ſavoir

U 5   voir

______

(b) Il ſemble que la France ait été deſtinée de tout tems à recevoir les

Rois,

voir qu'aucun Souverain n'avoit le droit de juger, encore moins de faire exècuter un de ſes ſujèts dans les Etats d'un tiers; le Prince moins modèré auroit pû ajouter que CHRISTINE ne regnoit plus, & qu'elle venoit d'agir moins en Reine qu'en femme galante qui termine une intrigue amoureuſe par un aſſaſſinat.

Or ſi la prérogative de condamner n'apartient point à un Souverain hors de ſa domination, je demande s'il eſt poſſible qu'un Ambaſſadeur puiſſe raiſonnablement la reclamer.

Vous

Rois, comme Monſr. de Voltaire le remarque:

Et la Cour de LOUIS *eſt l'azile des Rois.*

Caſimir Roi de Pologne, les deux *Stuard* d'Angleterre, & *Chriſtine* ſe refugièrent en France ſous le Regne de Louis XIV. & la Cour du Roi regnant a ſervi d'azile glorieux à plus d'un Prince.

Vous ferez toûjours certain de ne point vous écarter des maximes reçûës, quand joignant l'intelligence que je vous connois à l'étude du *droit des gens*, vous péferez d'une main équitable les principes que *Puffendorf*, *Grotius* & quelques Publiciftes modernes ont établi fur le droit public, combiné avec celui de la nature.

N'allez pas vous charger de citations érudites dont on reproche la péfanteur à nôtre Nation, & ne cherchez point l'art de negocier dans un amas de livres qui parent les Bibliothèques d'Allemagne, & que les hommes fenfez ne lifent point. Nous avons en françois deux livres fous le tître *de l'Ambaffadeur* & un troifième fous celui du *Prince & de fon Miniftre* ; ces divers ouvrages peu inftructifs n'ont pour eux que le tître, l'un ne regarde précifément que les mifères fublimes de l'étiquette, il peut être utile aux Ambaffadeurs qui ne pouvant traiter de grands intêrêts, croient reparer leur incapacité dans l'obfervation fimétrique des petites chofes ;

Les

Les deux autres parlent de la Négociation, & ils essaient même de donner
des préceptes pour y réussir, mais les
Auteurs de ces productions imparfaites,
n'ont pas reflèchi qu'en vous indiquant
les moyens de subjuguer celui avec lequel vous traités, ils ont rendu le Se-
cret général, & fournissent à vos rivaux
des armes contre vous-même.

Une intelligence supèrieure, un
esprit vrai & indépendant de tous les
préjugez, la connoissance du droit des
gens, & sur tout une étude reflèchie
du code diplomatique & de tous les
Traitez, voilà, mon fils, tout ce qu'il
faut pour former un Ministre accompli;
S'il ne faut que cela, me direz-vous
sans doute; pourquoi voit-on si peu de
bons Ministres?

Ma réponse vous compromettroit,
& quoique l'état languissant où je me
trouve, me mettra bientôt à l'abri du
ressentiment des vivans, je dois me
taire par considération pour vous; sachez cependant qu'il y a trois personne-
nes au moins dans l'Europe dignes des
prin-

principales places qu'ils occupent à la Cour de leurs Maîtres, & qu'on compte aujourd'hui dans l'Univers policé *douze* Repréſentans de leurs Souverains capables de negocier utilement, & d'honorer à la fois leurs Nations & leurs places; Le nombre en feroit plus conſidérable, ſi les évènemens pouvoient être ſubordonnez au principes, mais ils ſont preſque toûjours au-deſſus des loix écrites; & privé alors des reſſources que les préceptes fourniſſent, il faut qu'un Miniſtre ait une ſupériorité de génie pour ſe décider d'après lui, & pour prendre un parti victorieux dans l'objèt ſoumis à ſa ſagacité.

Faites un bon choix des livres relatifs à vos fonctions, mais n'allez pas errer par excés de bonne foi, en vous raportant vaguement aux titres des ouvrages qu'on vous préſentera.

Lamberty a donné un recueil diplomatique peu utile, parceque l'excès d'exactitude l'a rendu minutieux; d'ailleurs il ne ſuffit point de raporter un traité, il faut qu'un Ecrivain politique
qui

qui s'attache à inftruire, en dévelope les caufes, & faffe connoître les raifons de politique ou de néceffité qui ont obligé les Souverains à contracter.

Rouffet eft préfèrable à *Lamberty*, en ce qu'il parle fouvent d'après lui fur les objèts relatifs au matières qu'il traite, & que l'autre n'eft qu'un compilateur avide.

Un efprit fain aidé de la reflexion & rempli des maximes des Ambaffadeurs qui ont écrit leurs négociations dévelopera fans peine les caufes les plus fecrettes des traités qu'il examine, & il faura en raifonnant par parité, éviter les inconvèniens qu'on fera naître, & aplanir les obftacles qui arrêtent la marche de fes projèts.

Je ne vous dirai, mon cher Fils, que trés peu de chofes fur deux politiques Italiens dont vous ne devez pas juger d'après leur reputation.

L'un eft un Florentin dont le nom eft une tache flétriffante ; *Machiavel* abufant sant de ses talens pour dégrader l'humanité, est devenu le Précepteur des tirans; son livre qu'il composa par ordre de *Borgia*, Pape sous le nom d'*Alexandre VI.* est l'école du crime & de la barbarie; il semble que l'Auteur Toscan ait voulu, pour plaire à un Monstre qui a déshonoré la thiare, tremper sa plume dans le sang; ne vous trompez point sur ce livre que de grands hommes ont eu le malheur d'estimer; Et après l'avoir lû, prenés le contre-poison dans l'*Anti-Machiavel*. Cet ouvrage est celui du siècle qui fait le plus d'honneur aux Rois, à l'humanité & à la vertu. L'autre est un Moine Venitien nommé Père Paul *Fra-Paolo;* Les maximes de ce Religieux *Servite* sont puisées dans la saine raison, mais elle ne peuvent être regardées comme des principes génèraux, parceque Fra-Paolo a paru n'écrire que pour sa Republique; Laissez donc ces deux Politiques, le Venitien vous seroit peu utile, & le Florentin corromproit vôtre heureux naturel.

N'allez pas, je vous en conjure, chercher des notions legislatives dans

le

le recueil de *Teſtamens Politiques*, ouvrages de la déraiſon ou du beſoin; j'en excepterai ſeulement celui du Cardinal *de Richelieu*, qui eſt ſûrement de lui (c); Vous y trouverés ſouvent des ſecours & preſque toûjours des vûës élevées; à l'égard des prétendus Teſtamens de *Louvois*, de *Colbert*, de *Charles V.* Duc de Lorraine, ce ſont des productions ſtériles que la faim a enfanté, ſur le fumier d'*Irus* plûtôt que dans le Cabinet d'un Négociateur. Je ne vous parle point du *Teſtament Politique du Cardinal Alberoni*; j'ai eu le malheur d'eſtimer cet ouvrage & de protèger l'Auteur en Italie.

Re-

(c) Monſr. de Voltaire a fait une Brochure pour prouver que ce Teſtament n'étoit point de Richelieu, le P. *Griffet* Religieux de la *ci - devant Compagnie de Jeſus*, a répondu à cette refutation en lui montrant l'Original de ce Teſtament apoſtillé preſque par tout de la main du Cardinal; Mr. de Voltaire a reſpecté ce témoignage.

Revenu de mes préjugés, j'ai vû que cet Ecrivain s'étoit attaché à honorer la mémoire du Miniſtre Eſpagnol aux dépens du Cardinal *de Fleuri* & du Maréchal *de Belleisle*. Pour que je vous éloigne de la lecture de ce livre, il ſuffira, mon Fils, que je relève une des moindres abſurdités qu'il renferme ; l'Auteur, parlant de la guerre de la ſucceſſion d'Eſpagne qui a diviſé pendant ſi long-tems les Maiſons de Bourbon & d'Autriche, a la ſtupidité de ſoutenir que le Teſtament de Charles II. en faveur de Duc d'Anjou, a été dicté au Monarque Eſpagnol par le Miniſtère Autrichien, ſous le prétexte inſenſé de rendre Louis XIV infidèle au traité de partage & odieux à Europe ; c'eſt - à dire ſuivant *Maubert* que l'Empereur Leopold deſcendant de ſon Cabinet ſe caſſa une jambe pour avoir le triſte plaiſir de dire que les eſcaliers de ſon Palais étoient mal faits.

Gardés vous bien, mon cher Fils, de protèger, ainſi que moi, ces transfuges de leur religion & de leur patrie, qui changent de culte & de Prince au gré de leur intèrêt. Gardés vous bien de reçevoir de ces Avanturiers qui savent s'impatroniser dans les maisons des Ambassadeurs, pour trouver à l'abri de cet appui les moyens de faire des dupes, se déshonorer, & vous compromettre.

L'inconvènient dont je vous entretiens, est moins commun depuis que l'usage a été introduit de ne reçevoir que des personnes munies de Lettres du bureau des affaires étrangères; cette précaution a produit deux avantages aux Ambassadeurs, 1°. en ce qu'elle écarte de leur table une foule de Parasites, qui pour être nez à Vienne, à Paris, ou à Madrid, croient avoir un couvert fondé chez l'Ambassadeur de leur Nation; 2°. en ce qu'elle évite des désagrémens à un Représentant sujèt à être trompé & par consequent à se compromettre.

Il ne faut pas cependant qu'une circonspection trop grande vous rende inaccessible aux Sujèts de vôtre Maître, à qui

qui vous pouvez être utile ; jugez, pour les protèger, du mérite de leur droit plûtôt que de leur naiſſance, & ne leur faites point acheter par des baſſeſſes & des humiliations l'avantage que vous avez de pouvoir les ſervir ; ſouffrés encore moins que vos Secrètaires vendent vos bons offices, comme cela ſe pratique chez plus d'un Miniſtre, & ne permettent à un homme de vôtre Nation de changer de climat qu'en lui faiſant payer d'avance l'air qu'il va reſpirer ailleurs, je parle des paſſeports au bas desquels presque tous les Miniſtres ont ſoin de faire mettre le mot *gratis*, & que beaucoup de Secrètaires font payer malgré cela ; Veillez donc avec ſoin ſur ce déſordre, parce-que les friponneries qui ſe font chez vous, vous compromettent.

N'allez pas ſur tout plein d'un orgueil déplacé, vous effaroucher d'un mot, & quitter vòtre Ambaſſade de vôtre propre mouvement ; un Miniſtre ne doit point abandonner la Cour auprès de laquelle il eſt envoyé, que le Roi ſon Maître n'ait été inſulté dans ſa perſonne, & qu'on n'ait point reparé

l'inl'infulte; telle fut la conduite du Duc de *Crequi* avec *Chigi* Pape fous le nom d'Alexandre vii; ce Pontife, victime de l'infolence du Prince *Mario* fon Neveu, ofa manquer à Louis xiv. qui refpecta l'Eglife, & mortifia Rome en la forcant de venir s'humilier à Verfailles, ce qui a fait dire que *les François baifoient les piez du Pape & favoient lui lier les mains;* Ayez toûjours le cas du Duc de Crequi devant les yeux, & fongez que vous ne pouvez décemment vous éloigner que dans des circonftances équivalentes à celles que je viens de citer, c'eft-à-dire, lorfque la dignité du Souverain eft vivement attaquée dons fon Repréfentant; N'allez jamais immoler la gloire de vôtre caractère à un prémier mouvement.

Il faut que la même circonfpection qui guide vos actions, règle auffi vos paroles; le Repréfentant d'un Roi n'eft pas un Souverain, & il ne faut jamais franchir tout à fait l'intervale qui vous fépare du trône du Prince auprès de qui vous êtes accrédité; quand je vous recommande une extrème tempèrance

dans

dans vos actions & dans vos propos,
je ne prétens pas que vous essuyez sans
repliquer la mauvaise humeur ou les
bons mots d'un Souverain.

Un Prince d'Italie à qui les saillies
ne réüssirent jamais parcequ'il y mettoit
plus d'aigreur que d'esprit étant un jour
sur un balcon avec un Ministre étranger
qu'il cherchoit à humilier, lui dit, *c'est
dé ce Balcon qu'un de mes Ayeux fit sauter
un Ambassadeur. Apparemment*, repondit sechement le Ministre, *que les Ambassadeurs ne portoient point l'epée dans ce
tems là;* la repartie est vive, mais le
Prince avoit bien mérité qu'on la lui fit,
parcequ'en voulant manquer à un seul
homme, il avoit offensé les Représentans de toutes les Puissances.

Souvenez - vous si vous vous trouvez jamais dans le cas de répondre à
des saillies, de consulter auparavant vôtre Naturel, & de ne vous livrer à un
bon mot, que quand vous vous appercevrés que le projèt du Souverain qui
vous adresse la parole, a été de vous attaquer personnellement.

X 3

Un

Un Roi du Nord, qui paſſa pour cruel, demanda un jour à un Ambaſſadeur d'Angletterre, s'il harangueroit le peuple en cas qu'on le pendit ou qu'on lui tranchât la tête. Le Miniſtre ſans ſe déconcerter, répondit, qu'il avoit toûjours ſon diſcours prèt & ſes gans blancs dans ſa poche. Je voudrois bien vous entendre, repartit le Monarque.

L'Ambaſſadeur s'étant mis alors dans l'attitude d'uſage parla ainſi (d).

Vous me voïés, Meſſieurs, au moment de perdre le jour, je ne regrette point la vie, mais je vois avec peine que ceux qu'on ne devroit connoître que par des actes d'humanité & de bienfaiſance, viennent jouïr avec avidité d'un ſpectacle cruel qu'ils ont mandié; ces ſçènes tragiques ſont faites pour la barbare populace, mais les cœurs vertueux & ſenſibles devroient rougir d'entendre de ſang froid - - - en voila aſſez Mr. l'Ambaſſadeur, dit le Roi, qui re-

---

(d) Je copie cette harangue ſur les Memoires d'une perſonne alors en Caractère à cette Cour du Nord.

reconnût alors que le but de la harangue étoit de lui reprocher une curiosité qui le dégradoit.

Ces manières de faire sentir vôtre ressentiment à un Prince qui a voulu vous humilier, sont tolerables, quand on ne le employe qu'avec discretion & dans des cas indispensables.

Je dois aussi, mon cher Fils, vous recommander de ne point avilir vôtre place en faisant des dettes & sur tout de celles qui font crier le petit peuple; mésurez vôtre dépense & vos plaisirs sur vos revenus, & n'imitez point ces Ministres dont l'anti-chambre n'offre aux yeux des étrangers que des *Usu-riers* & des *Farceurs*, qui se voiant préfèrez aux honnètes-gens, jouïssent avec insolence des prémiers momens de l'audience: bannissez les usuriers, estimez les Comèdiens qui auront des mœurs, ne voyez les autres que sur les planches, & n'allez point trainer l'excellence dans les loges des Actrices, qui riront de vôtre bon-hommie avec le fat qui vous supplante.

X 4

Ne

Ne donnez jamais de prife aux épigrammes du public en vous extafiant fur les talens d'une Actrice ou d'une Danfeufe au point de *faire cabale* & de former un parti en fa faveur; ces manœuvres ne conviennent qu'à des freluquets qui vont achèter par ces fingularitez déshonorantes les faveurs d'une Fille de fpectacle qui prend tout au défaut d'argent comptant.

Sachez, mon Fils, que les querelles qui s'élèvent entre deux Miniftres pour des objèts qui n'ont aucune analogie à leur Miffion, ont fouvent brouillé leurs Maîtres, parceque l'Ambaffadeur le plus honnète ne pouvant écarter la prévention qui l'anime contre celui à qui il croit avoir des torts à imputer, n'épie plus ces démarches de fang froid, & leur donne aux yeux de fa Cour une tournure, qui aigriffant les efprits, engage à des partis violens.

N'allez pas imiter les petits *Merveilleux* de France qui courent le matin en habit de *Poliçons*, déguifement maladroit qui devient leur vêtement de

Ca-

Caractère; ces travestissements de Portefaix peuvent aisément vous faire méconnoître; un homme du peuple qui vous prend pour son égal, vous manquera, le gouvernement auquel vous pous porterez vos plaintes, ne punira point un particulier qui ne pouvoit deviner un Ambassadeur sous la souquenille d'un crocheteur, & vous aurez le désagrément d'avoir été insulté & d'être blamé ensuite.

La même dignité qui doit régler toutes vos demarches, ne veut pas que vous fréquentiez ces maisons ouvertes aux jeux dans lesquelles la bonne foi succombe sous les coups de l'adresse. Si vous êtes soupçonné, vous êtes perdu; Envain chercherez - vous à vous justifier en implorant des témoignages qui attestent vôtre probité, un homme en place est déshonoré, dès qu'il est forcé de donner son apologie dans un cas aussi grave; si je connoissois moins vos sentimens, je vous raporterois ce qui est arrivé à un Ministre le plus chètif & le plus

X 5

opu-

opulent de tous ceux qui font répandus fur la furface des Cours (e).

Je croirois manquer à vos fenti-mens, fi je vous entretenois ici des dangers d'une paffion aveugle & d'une Alliance déshonorante; la place que vous occuperez, ne vous mettra jamais au-deffus des règles reçûes, & fi vous ofiez vous marier fans le confentement de vôtre Maître, vous perdriez vôtre Etat, vôtre fortune, & la confidération attachée à l'un & à l'autre.

Si vous voyez que le parti de vôtre Maître foit balancé dans la Cour où vous réfidez, faites-vous des partifans, mais fage dans vos choix prenez des gens dont les mœurs ne font point fu-fpectes, & gardez vous de faire donner
des

(e) Le Miniftre qui a donné lieu à cet Article, loin de recevoir des *Honoraires* du Prince qu'il repréfente, fait le Négociateur à fes dépens, & envoie tous les ans un habit de chaque faifon au grand-Maréchal de la Cour de fon Maître.

des penſions, qui chargent l'état, à ces aboyeurs témèraires qui ſe font un jeu de vôtre ſimplicité, & vous trahiſſent en mangeant l'argent de vôtre Prince.

J'eſpère auſſi que vous ne ſuivrez point l'exemple de ces heros à *talons rouges* qui croient avoir acquis une celèbrité guerriere, parcequ'un écrivain famélique ſoudoié dans ſon grenier pour en impoſer, les repréſente couverts de pouſſiere & de ſang, portans par tout l'épouvante & la mort, dans le tems qu'éloignez du champ de bataille, ils s'enivrent paiſiblement à l'abri des coups, & que les Chevaux qu'on fait tuer ſous eux, ſont pleins de vigueur & donnent en henniſſant un démenti à l'extrait mortuaire des Gazettes (f).

Con-

(f) J'ai lû une lettre d'un Officier Génèral (je tairai ſa Nation) qui écrivant le 8 Decembre 1757. à un Hiſtorien connu lui diſoit ces propres mots: *J'ai eu un Cheval tué ſous moi à Rosback, ſi vous étiez détourné de le croire toute l' Armée vous dira que j'ai fait la retraite*
à

Concluez, mon Fils, de ce que je viens de vous dire, que vous ne devez pas imiter ces Miniſtres minutieux qui n'aiant pour occupation que la lecture des papiers publics, font des *Gazettes* une *affaire d'Etat,* prennent ces chiffons hebdomadaires pour un code diplomatique, & partent delà pour aſſommer le Miniſtère de leur Cour de reflexions vuides & puériles, qu'on envelope dans de grands mots qui veulent afficher la Politique, & qui ne montrent aux connoiſſeurs qu'un Eſpion déſœuvré qui cherche à ſe rendre néceſſaire pour perpetuer dans l'apparence du crédit une inutile *Excellence.*

Je connois de ces politiques à Gazettes qui ſe font un point capital de Négociation d'emplir les feüilles périodi-

di-

à *Cheval ſur un Canon de Bataillon, je ne ſais comment cette affaire eſt venüe à mes parens de Turin, mais le Roi de Sardaigne a bien voulu me faire dire des choſes agréables à ce ſujèt.* Je crois *qu'on pourroit retrouver cette lettre, mais l'armée interrogée s'eſt tüe.*

diques, de la prérendüe protection qu'
ils accordent aux gens de lettres; dans
le tems qu'ils les aviliffent pour prévenir le mèpris dont ceux - ci accableroient
leur faftueufe imbécillité, ou des fêtes
qu'ils donnent, & dans lesquelles le
complaifant gazetier réuniffant *le goût à
la delicateffe*; arrange de lui même un
repas imaginaire, & fait gagner, dans
una Table *à fer à Cheval*, des indige-
ftions à beaucoup d'honnètes gens qui
n'ont point mangé.

J'ai eû cette orgueuilleufe Manie,
elle à excité la génèrofité de nòtre Cour
qui a payé plus d'une fois mes dettes
d'après le détail pompeux des Gazetiers
que je payois, & dont je faifois paffer
les gages dans le Tableau des dépenfes
fécrètes (g); les gens qui m'exami-
noient

(g) Un Miniftre celebrant mefquinement
    dans la cour ou il étoit envoyé, la Nais-
    fance de l'heritier préfomptif de la Cou-
    ronne de fon maitre, ne rougir point de
    s'exprimer ainfi dans une lettre adreffée
    au bureau - - - *Un Perifale dont*
                           cha-

noient de près m'ont berné ; Evitez
donc ces petites fupercheries, fi vous
vou-

*chaque colonne repréfentoit des emblèmes
analogues à l'évènement, étoit éclairé de
cent flambeaux de cire blanche dont la clarté qui le difputoit au jour conduifoit dans
un jardin où la mufique la plus harmo-
nieufe & des rafraichiffemens de toutes
les efpèces infpiroient l'admiration & la
gaieté ;* Le Sécrètaire de l'*Ambaffadeur*
& non d'*Ambaffade* comme beaucoup
de ces Meffieurs *Copiftes* le prétendent
mal - à - propos, dumoins en France où
il n'y en a eû que cinq depuis que le
Cardinal de Fleuri ne voulant plus leur
payer les fix mille francs qu'ils avoient
par année, les fuprima; le Sécrètaire
ofa adreffer au M. D. P. une lettre qui
difoit que *quatre planches peintes en azur
& rangées en arc formoient le Periftile
proné par fon Evcellence, lequel étoit il-
luminé par trois douzaines de lampions
d'un mauvais fuif dont la pâle lüeur conduifoit à tâtons fous un verger ou quatre violons arrachés à leurs treteaux
joüiffoient malgré eux de toute leur raifon, au milieu de deux Baquets d'eau*

à

voulez ne pas mériter les reproches que j'ai effuyez plus d'une fois; & fuiant une gloire miférable & chimèrique; ne prenez jamais les papiers publics pour vos faftes; fi vous voulez mèler vôtre nom à la multitude, que ce ne foit, mon Fils, que pour la gloire de vôtre Prince & le bonheur de fes Sujèts.

N'allez pas entêté dans vos préventions rejetter la vérité qu'on vous préfentera, & ne perfècutez point un honnète - homme qui démafquera les fourbes & les ignorans que vous protègez; aimez tous les talens, accüeillez ceux qui font utiles, mais ne vous laiffez jamais furprendre par des impudens qui vous en impofent fur des livres qu'ils n'ont pas faits, ou fur des Monumens qu'ils n'ont point élèvez, & vous engagent à de fauffes démarches dont vous étes tôt ou tard contraint de vous re-

à qui quelques citrons & un peu de caffonade avoient acquis le nom de rafraichiffemens; ce détail véridique n'honora pas la narration du Maître.

repentir au yeux de vôtre Cour furpri-
fe de vous voir la dupe des fripons &
des fots que vous n'auriez pas protègez fi vous aviez voulu les connoître.

Voilà, mon cher Fils, tout ce que
le tems me permet de vous écrire; vôtre efprit fupléera à ce que j'ai omis,
& vôtre jufte défiance vous garantira
des pièges dans lesquels je fuis tombé;
adieu, ma langue s'épaiffit, mes yeux
fe troublent, & ma main chancelante ne
me laiffe que le trifte plaifir de vous
dire adieu pour toujours.

F I N

DU TOME TROISIEME.

TABLE

TABLE

DES

MATIERES

CONTENUES DANS LE

TROISIEME ET DERNIER TOME·

NB. La Lettre T. marque le *Texte* de Monſr. de MOSER, & la Lettre R. les *Remarques;* lorsqu'il n'y a ni l'une ni l'autre de ces deux Lettres, cela dénote que la matière eſt contenuë au *Suplément.*

A.

Affaires.

Manière de les traiter, T. p. 5. & ſuiv. donnent moins de peine que les gens avec lesquels on les traite, T. p. 12. leur Diſtribution. T. 13. it. p. 33. & ſuiv. exige de la ſageſſe & de la Probité T. 28. leur diviſion, T. 35. publiques, T. 36. féodales, ib. & ſuiv. intérieures, T. 37. courantes, T. 39. 54. en accèlerer les progrés & la fin, T. 56. Ne pas ſouffrir qu'on s'y ingère mal-à-propos, T. 89. it. R. ib.

Almanachs

d'*addreſſe*, T. 14.

Améliorations

Utiles, T. 45. & R. ib.

Anes

De la Chancellerie, T. 145.

Apointemens.

T. 89. & fuiv.   en accorder de bons aux Serviteurs néceffaires, & les faire payer régulièrement, T. 92.   Leur appréciation, T. 97. & fuiv.   doivent être fuffifans, T. 98. 99.   *A pauvre falaire fervice chétif*, ib. quand ils ne font pas fuffifans, on ne peut pas exiger que le ferviteur foit fidèle, T. 106.   Fauffes idées fur la modicité des, T. 117.   dans quelques Cours d'*Allemagne*, T. 118.   d'un Emploi partagez entre quatre ferviteurs, T. 120.   en donner de chétifs, maxime erronée, T. 135.   mal qui en refulte, T. 142. & fuiv.   différences à obferver, T. 148. & fuiv.   à donner à certains fubalternes, T. 152.   raifons de leur modicité, R. 92.   prodiguez mal à-propos, mauvais effèt que cela produit, R. 134.

Ariftippe.

allègué, R. 9.

Afpirans

aux Emplois, moyen de faire ceffer les importunitez, R. 136.

Aubigné

Agrippa d') fes Mémoires allèguez, 188.

Audience,

Jours d', T. 83. & fuiv.

Baar

B.

Baar
Baron de, allègué, R. 146. & fuiv. R. 154. it
p. 173. 188.

Boileau,
allegué, R. 114. & fuiv.

Bolingbroke,
allègué, R. 68. 69.

Bonnivet,
Miniftre imprudent de FRANCOIS I. Roi de
France, p. 189.

Burnet,
Hiftoire d'*Angleterre* allèguée, p. 192.

C.

Caiffe.
d'amortiffement, R. 53. façon de la remplir, R. 54.

Calomnies,
& moyens d'y pourvoir, T. 78. 79.

Camhi,
Empereur de la Chine, exemple d'un bon Souverain, p. 166.

Caufes pies.
T. 40.

Chambre
des Rentes, T. 42. & fuiv. exige un homme
exprès pour la Recette, T. 50. & fuiv. un
autre pour la dépenfe & les Comptes, T.
51. un autre pour l'économie rurale, ib.
un autre pour les Produits du Païs, T. 52.

& fuiv. des Finances de la *Suède*, compofées d'un Préfident & de deux Commiffaires, T. 128. de qui elles font compofées dans quelques Cours d'*Allemagne*, T. 129. & fuiv. s'il eft expèdient que chaque membre ait fon département fixe, R. 29. 30.

Chargez-d'affaires,

reflexions fur cette efpèce de *petits Miniftres*, T. 122. & fuiv. incapables, R. 123.

Charles

Quint Raifons de fon élèvation au Trone Impèrial, p. 188. d'*Angleterre*, fon mot fur des Miniftres intègres, & fur ceux qui ont les qualitez opofées, p. 191. & fuiv.

Chaffe.

T. 39.

Chatoulle.

Confeillers privez de la, T. 156. R. ib. & fuiv.

Chemins.

T. 39.

Chrêtien

IV. Roi de Danemarc, fon Reveille-matin Roïal, addreffé au Duc FREDERIC de BRVNSVIC, p. 203. & fuiv.

Chriftine,

Reine, allèguée, R. 12. Lettre remarquable écrite à cette Reine, R. 94. & fuiv. fes Memoires allèguez, p. 169. allèguée, p. 178. 181. & fuiv.

Ci-

Ciceron,

allégué, p. 167.

Collèges

la bonne intelligence doit y règner T. 22. doivent avoir un Membre dont l'autorité prévaille, T. 26. comment cette autorité s'acquiert ib. & fuiv. Principes adoptez dans les Collèges déréglez, T. 31. & fuiv. Préfidens des, envers qui ils doivent ufer d'indulgence ou de rigueur, T. 59. & fuiv. Défunion dans les, T. 75. Chefs vicieux, R. 20 Leurs Chefs devroient être Membres du Confeil Privé, R. 23. Chefs, qui rempliffent mal les devoirs de leur Emploi, R. 25.

Confeil

de *Haute & de Baffe-Police*, R. 16. & fuiv. it. 85.

Confeillers.

Faire attention à leurs inclinations, T. 55. & fuiv. pareffeux, leurs ftratagèmes pour fe délivrer du Travail. T. 63. & fuiv. foibles d'Efprit, T. 66. 67. comparez à des Chevaux de bât, T. 104. font rarement pendus, T. 107. reflexions fur leur nombre exceffif, T. 126. & fuiv. moins regarder à leur nombre qu'à leurs qualitez, T. 134. privez de la Chatoulle, T. 156. & fuiv. ignorans, R. 14. Bêtes de charge, T. 16. & R. ib. Leurs relations doivent être toûjours examinées par le Collège en corps, R. 38. pareffeux, R. 66. déplacez, R. 67. riches, fufceptibles de corruption, R. 114. & fuiv. leur trop grand nombre préjudiciable, R.126.

Confiftoire.

T. 40. & fuiv.

Conftantin,

Empereur, allègué, R. 85. & fuiv.

Conftitution

pruffienne, T. 13. fi elle peut avoir lieu autre part, ib. & fuiv. politique d'un Etat T. 15. qui exige beaucoup d'Employez, T. 119.

Corruption,

R. 22.

Cours.

diffèrent entre elles par leur Conftitution, T. 6. 7. qui n'ont point de Siftème T. 8. 9. qui fe gouvernent felon les principes militaires, T. 10. auxquelles on ne peut prêcher les Loix ib. it. R. ib. ecclèfiaftiques, T. 11. Les grandes exigent un Homme exprès chargé de ce qui concerne leurs befoins, T. 53. chargées de Dettes, ib. Harmonie plus facile à entretenir dans les grandes que dans les petites T. 81. 82. d'*Allemagne*, relativement aux Apointemens, T. 118. 119. Tripotages des Cours, R. 76. ont leurs anes, R. 96. Jugement d'un Miniftre fur une Cour, R. 124. & fuiv.

Courtifans

banqueroutiers, T. & R. 125.

Dé-

D.

Décour

Plaifanterie addreffée au Roi de *Navarre*, p. 187. & fuiv.

Délateurs,

les obliger aux preuves, R. 79. à punir, R. 87. leurs dénonciations doivent être aprofondies, p. 191.

Départemens

particuliers diftribuez, T. 33. & fuiv.

Dieu,

efpèrer tout de fa bonté, R. 11. ce qui attire fa bénèdiction fur les Souverains, R. 111. & 112. donne les bons Miniftres, 185.

Directeurs

des Collèges, T. 16. qualitez qu'ils doivent avoir. T. 17. & fuiv. it. T. 19. & fuiv. qui fe familiarifent trop T. 21. devroient avoir l'accès libre au Confeil privé, T. 23. & fuiv. accomplis, T. 28. vieux, doivent être dispenfez de travailler, T. 56. & fuiv. trop jeunes ne doivent pas être admis T. 57. & fuiv. doivent avoir la confiance du Prince, R. 43. s'opofer au défordre R. 121. quand ils doivent fe démettre de leurs emplois, ib. & fuiv.

Direction

dans les affaires. T. 12.

Diftinctions,

à accorder par les Princes T. 105.

Duguet,

Inftitution d'un Prince allèguée, R. 5. & fuiv.
it. 167. & fuiv. it. 186. it. 190.

E.

Ecclèfiaftique,

allègué p. 185.

Ecoles

publiques, T. 40.

Economie

rurale, T. & R. 51. & fuiv.

Eglifes,

Leurs biens adminiftrez par qui, T. 40. Gens
d'Eglife, Examen de leurs moeurs, T. 41.
Gens d'Eglife à corriger, département re-
fervé à Dieu, R. 41.

Emplois

à donner à des gens riches, T. 112. & fuiv.
Fonctions d'un, partagées entre quatre, T.
120. nombre exceffif des afpirans, T. 136.
Raifons de cela, & inconvèniens qui en refultent, T. 137. & fuiv. mal adminiftrez,
raifons de cela, R. 138. & fuiv.

Epargnes.

Ne doivent pas être faites fur les apointemens
des Serviteurs, T. 92. 103. fur quoi on
doit les faire, T. 111.

Expectative,

ne devroient point être accordées, R. 140.

Fa-

F.

Factions.

T. 75. & suiv. Remèdes, T. 77. & suiv.

Fat

parvenu, R. 143.

Favori

ses Comptes sont toûjours trouvez justes, R. 158. & 159.

Fidalgos

de *Portugal*, p. 172.

Finances,

leur dissipation contraire au bonheur, R. 125.

Financier,

ce que c'est qu'un bon, R. 50. différence entre un bon Financier & un simple Receveur p. 179. & suiv.

Fiscal

génèral, T. 38. quel il doit être, R. 39.

Forêts

T. 39.

François

Premier, Roi de France, son imprudence dans le choix de *Bonnivet* pour Ministre, p. 188.

Friponière,

sieur de la, exemple d'un Fourbe qui vend sa Conscience à un Prince, T. 150 & suiv.

Fripons,

se justifient les ducats à la main, R. 104. leur manège, R. 133. Exemple remarquable d'un Fripon subalterne, R. 159.

Y 5

346

Fumée,
Vendeurs de, T. & R. 35.

G.

Génies,
Différence à faire entre les Génies, T. 58. & suiv.

Gouvernement,
Science du, Règles à observer, R. 6. & suiv. it. T. 77.

Grands
imitez par les Petits T. 14.

Grotius,
Mot de la *Reine* CHRISTINE sur sa mort, p. 169.

H.

Hode,
Mr. *de la,* allègué, p. 187.

Hopitaux
T. 40.

Huarts,
Jean, Espagnol, allègué, p. 167.

I.

Infidelitez,
établies, & de peu d'importance, T. 106. & suiv.

Juifs
courent le risque de la potence, T. 107. leur connexion avec les Conseillers de la Chambre, R. 129.

Justice,
Courtiers de, T. 19.

La-

L.

Lamoignon,
Mr. de, nommé Premier Préfident du Parlement de
Paris, p. 187.

Lionne
Mr. de, Trait remarquable, p. 178. & fuiv.

Louïs,
XIV. Hiftoire de fa Vie & de fon Règne par Mr.
de la Hode, alléguée, p. 187.

Luxe,
reflexions fur le luxe des Cours, R. 98.

M.

Maifons
de Correction, T. 40.

Maximilien
mot de l'Empereur T. 17.

Mazarin,
Cardinal, nomme Mr· de *Lamoignon*, purement en
confidération de fon mérite Prémier Préfident du
Parlement de Paris, p. 187.

Memoires
Inftructifs pour un Voïageur alléguez, p. 171.

Methode
néceffaire, bonne. mauvaife, T. 29. & fuiv.

Miniftres
affiftent rarement aux Séances des Collèges dont ils
font les Chefs. T. 25. il leur eft difficile de s'a-
quitter des fonctions de Prefidens T. 26. riches,
fi l'on peut compter fur leur incorruptibilité, T.
112. & fuiv. riches, avantages qui en peuvent
revenir aux Souverains, T. 113. & fuiv. pauvres,
s'ils doivent être exclus des Emplois, T. 116. &
fuiv. Moyens de les favorifer, ib. comment un
Avanturier le peut devenir, T. 131. & fuiv. riches, doublement puniffables, R. 113. fidèles
doivent être recompenfez, R. 149. punis, ib. &
fuiv. intègres, font au deffus de la calomnie, p.
170. nocturnes, p. 171. Miniftre de *Portugal*,

ſa manière de donner audience, p. 171. & ſuiv. Portrait, p. 296. & ſuiv. Negociateurs, Inſtruction, p. 299. & ſuiv.

Miniſtriſſimes.

p. 252. & ſuiv. it. 271. & ſuiv.

Monoies.

T. 39. de bas aloi, trés-préjudiciables à un Etat, p. 242. & ſuiv.

Moſer.

Mr. de, ſon *Hof-Recht* allègué, p. 202.

N.

Navigation.

T. 39.

O.

Ordre

dans les affaires, T. 12. Ordres, doivent-être maintenus, T. 79. 80.

Orfelins.

Maiſons des, T. 40.

P.

Parade,

Place de, R. 83.

Patrie,

Amour de la, reflexions là-deſſus, T. 144. & ſuiv. it. R. 146. & ſuiv.

Pauvres.

T. 39. Maiſons des, T. 40.

Péages

T. 39.

Police

Haute & Baſſe, T. 59. R. 85. it. 93. Conſidérations générales ſur l'établiſſement d'un Grand-Conſeil de *Haute-* & *de Baſſe-Police,* p. 197. & ſuiv. eſt l'ame de l'Etat, p. 198. ſes Loix ne doivent jamais être contraires à celles de la Morale, ib. but de ſes Loix, p. 199. Définition d'un Grand-Conſeil de Police, p. 199. différenee entre la

Hau-

Haute & la *Baſſe*, p. 200. Membres dont ce grand-Conſeil doit etre compoſé, p. 201.

Pomponne

Mr. de, Trait ſur ſa perſonne, p. 168, & ſuiv.

Poſtes,

T. 39.

Préſidens

des Cours ſupèrieures ſont ordinairement en même tems Miniſtres T. 25.

Projèts,

Faiſeurs de, T. 44.

Pruſſe.

Soldat Pruſſien, coûte plus qu'un autre, mais il ſe bat mieux, T. 93.

Punitions,

& récompenſes, juſtice & proportion à obſerver, R. 145.

R.

Raynal,

Mr. l'Abbé, ſon Hiſtoire de l'Elèvation de CHARLESQUINT au Trone de l'Empire allèguée, p. 189.

Recompenſes

& punitions, doivent ètre diſtribuées avec juſtice & proportion: R. 145.

Réforme,

Projèt de, R. 126. & ſuiv.

Régence

de l'Etat, T. 36.

Reveille-matin

Roïal, p. 203. & ſuiv.

Richelieu,

ſon *Teſtament politique* allègué, R. 78. it. p. 111.

Rois.

On droit répondre *Oui* à toutes leurs queſtions, Plaiſanterie, p. 187. & 188.

Roques,

Mr. ſes additions au Texte, p. 166. & ſuiv. ſes additions aux notes, p. 183. ſes Retranchemens
du

du Texte, p. 193. & fuiv. fes Retranchemens de
Notes , p. 195. & fuiv.

S.

Secrèt

doit être religieufement obfervé, T. 69. Cours où
on ne l'obferve point , ib. & fuiv. gardé jufqu'à
un excés ridicule, T. 70. Règles à obferver à
cet égard , T. 71. & fuiv. fa violation doit être
punie févèrement, T. 71. it. p. 190.

Sénèque,

allègué, p. 184.

Serment

de fidélité, R. 70. 71.

Serviteurs,

de contrebande T. 10. & R. ib. congédier les inutiles, T. 92. honteux de les laiffer pâtir, T. 92.
bien payez font ordinairement mieux que ceux
qui le font mal, T. 93. furchargez de travail &
mal nourris , T. 95. 96. le mal qui en refulte,
T. 120. & fuiv. qui prétendent fervir *gratis*, T.
154. & fuiv. & R. 157. & fuiv. fidèles & habiles,
titres d'exclufion dans les Cours déréglées, R. 72.
doivent avoir largement dequoi vivre, R. 73. mal
payez, fource de défordre , R. 108. infidèles ,
toûjours inexcufables, R. 110. ne doivent jamais
être placez par faveur, ou par brigue, R. 137.
leur découragement, fource de maux, R. 144.
moyens de les faire fervir avec affection, p. 175.
& fuiv.

Socrate,

allègué, p. 169.

Souverains,

affiftoient autrefois aux feffions, T. 82. donnent audience fur la place de Parade, T. 83. ingrats,
comment ils méritent d'être fervis, T. 99. Comparaifon de deux Maifons Souveraines, opofées
dans leurs maximes, T. 100. & fuiv. reproches
qu'ils

qu'ils ont à se faire quand leurs Serviteurs sont
mal payez, T. 108. 109. la misère des Peuples
retombe sur eux, T. 110. qui aiment à avoir
nombre de serviteurs, T. 123. & suiv. qui ne co-
noissent pas leurs besoins, R. 9. qui tolèrent les
vexations perdent leur gloire, R. 19. doivent tout
écouter & examiner, R. 84. & suiv. Compte terrible qu'ils ont à rendre, R. 106. it. 108. dé-
pensent moins que leurs Favoris 131. supposé ouvertement Tiran, T. & R. 132. 133. secrèt pour engager leurs Ministres à les servir avec plaisir, p.
173. doivent s'apliquer à sçavoir apprécier le
mérite, p. 177. qui corrompent eux-mêmes leurs
Ministres, p. 181. ne doivent pas se laisser éblouïr
par l'extérieur, p. 185. dégrez à observer en
accordant leur confiance, p. 186. ont seuls le Pouvoir legislatif, p. 199.

Subalternes,
à qui on doit donner de bons apointemens, T. 152. &
suiv. traîtres, R. 74.

Subordination
nécessaire, T. 12. T. 77.

Suetone,
allègué, p. 191.

Sujèts,
cas, où ils n'osent porter leurs plaintes au Souverain,
R. 28.

T.

Tacite,
allègué, R. 33.

Tentations,
on doit y obvier, T. 106.

Terence
cité, T. 3.

Tessin,
Comte de, allègué, T. 128. R. 89.

Theo-

Theophile,
fon *Inftit. Reg. ad Conftantin.* p. 164.
Titres
multipliez à l'excés, ridicules, т. 124. & fuiv. Folie des, т. 154. & R. ib. & fuiv.

V.

Venife
Nouvelle Relation de, allèguée, т. 27.
Vertu
fa Compagne ordinaire eft l'indigence, т. 116. dans
l'indigence, oprobre des Princes, R. 100.
Univerfaliftes,
fouvent fourbes, т. 35.

W.

Waiz,
Mr. de, Confeiller Privé de *Heffe-Caffel*, fon éloge,
т. 46.

Z.

Zerbft
Mr. de, Confeiller Privé de S. A. S. Monfeigneur le
Prince de *Waldeck*, fon éloge, т. 48. & fuiv.